歴史文化ライブラリー

159

鎌倉北条氏の興亡

奥富敬之

吉川弘文館

目次

〔北条氏関係略系図〕

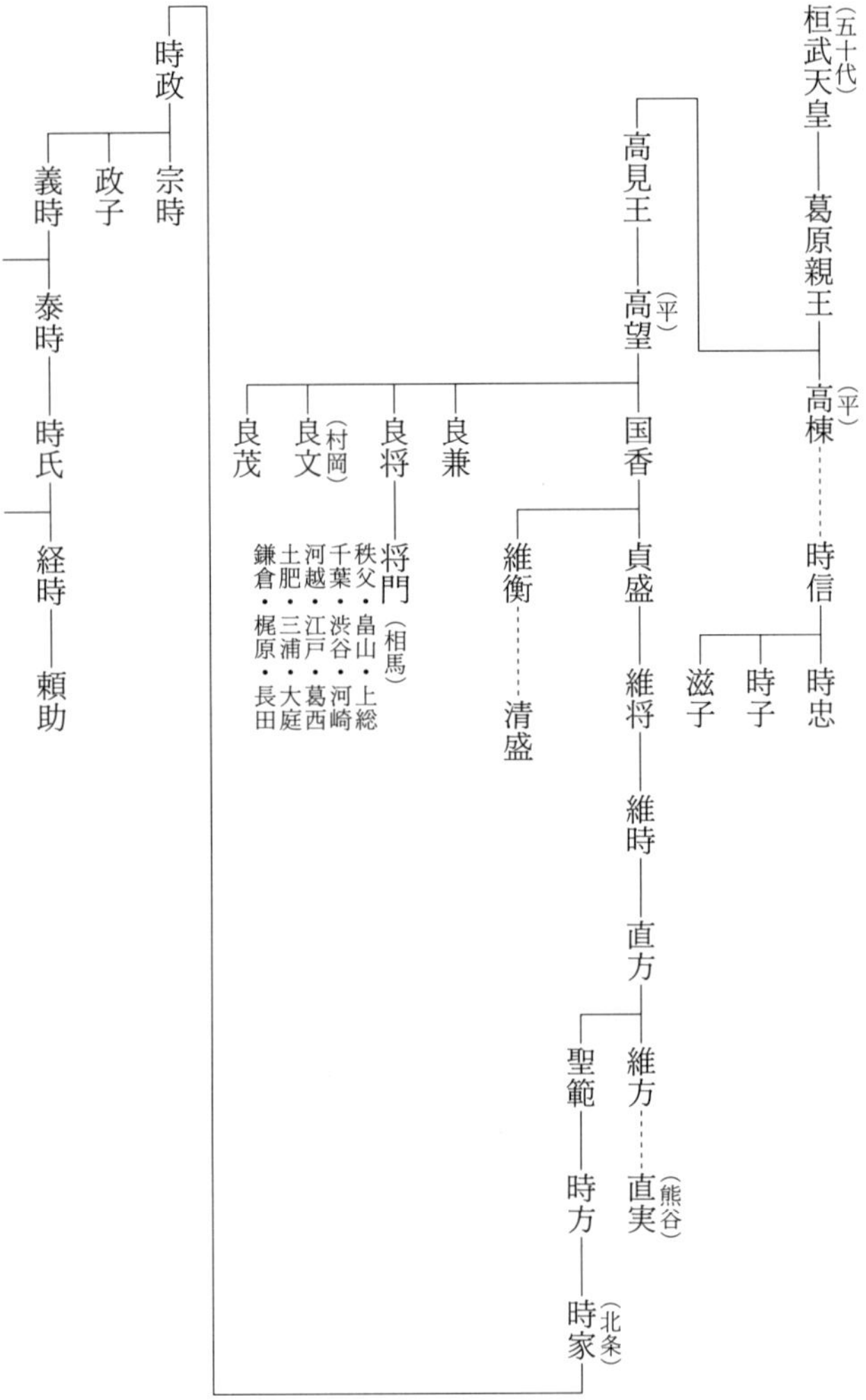
(五十代)
桓武天皇
葛原親王
(平)
高棟
時信
時忠
時子
滋子
高見王
(平)
高望
国香
貞盛
維将
維時
直方
維方
(熊谷)
直実
聖範
時方
(北条)
時家
維衡
清盛
良兼
良将
将門
(相馬)
秩父・畠山・上総
千葉・渋谷・河崎
河越・江戸・葛西
土肥・三浦・大庭
鎌倉・梶原・長田
(村岡)
良文
良茂
時政
宗時
政子
義時
泰時
時氏
経時
頼助

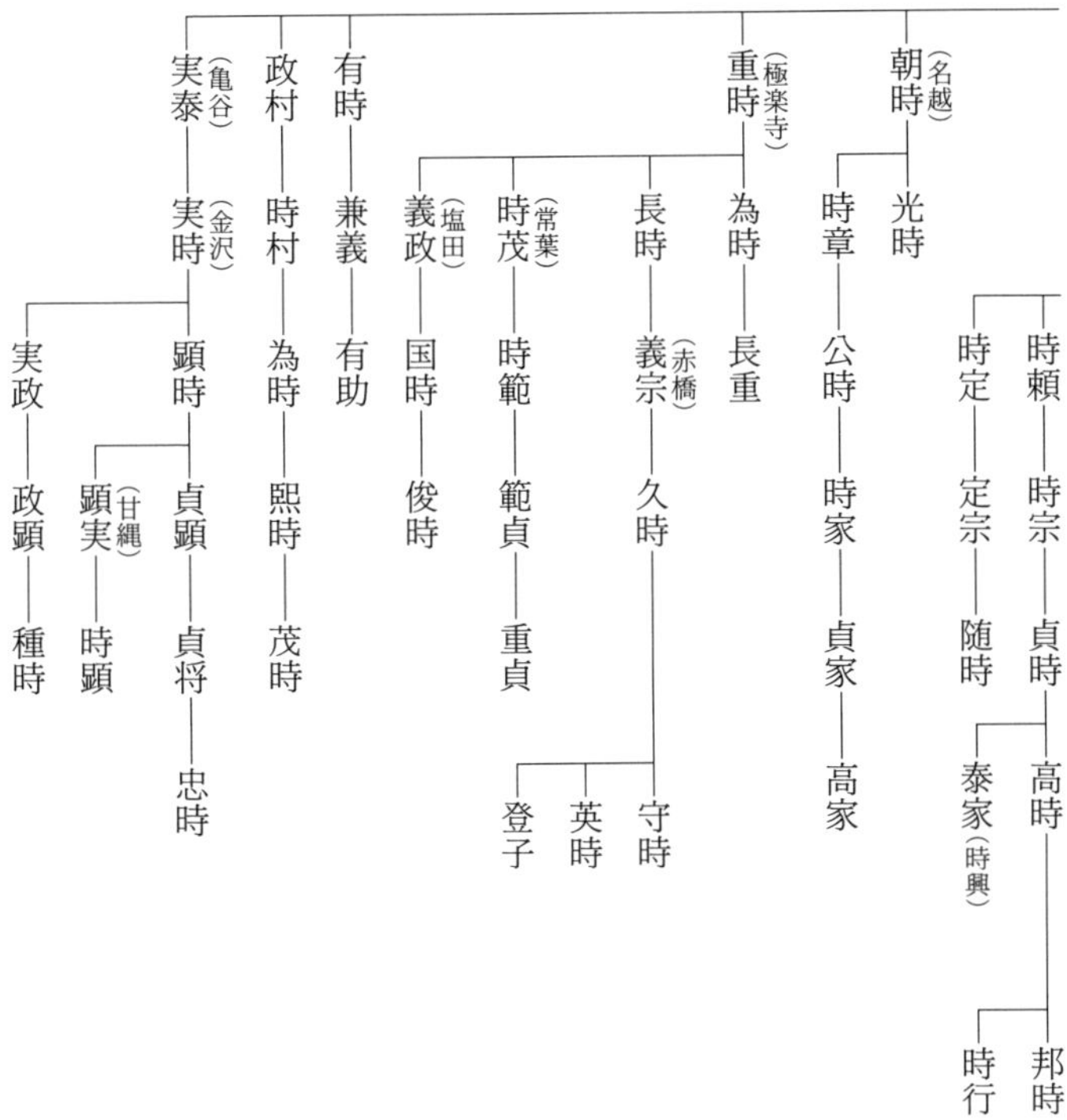

時頼
時宗
貞時
高時
邦時
時行
泰家（時興）
時定
定宗
随時
朝時（名越）
光時
時章
公時
時家
貞家
高家
重時（極楽寺）
為時
長重
長時
義宗（赤橋）
久時
守時
英時
登子
時茂（常葉）
時範
範貞
重貞
義政（塩田）
国時
俊時
有時
兼義
有助
政村
時村
為時
熙時
茂時
実泰（亀谷）
実時（金沢）
顕時
貞顕
貞将
忠時
顕実（甘縄）
時顕
実政
政顕
種時

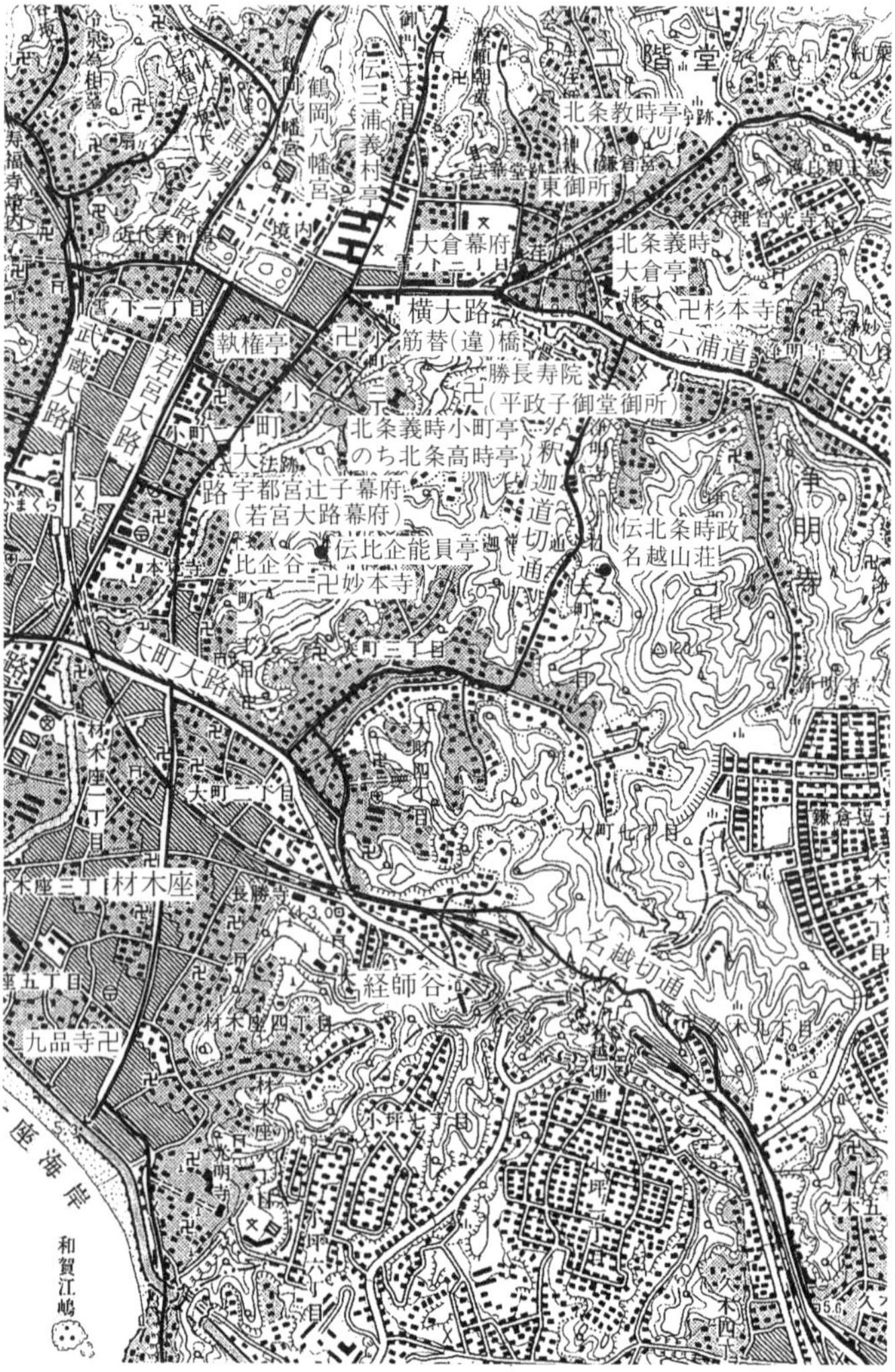

二階堂
北条教時亭
伝三浦義村亭
鶴岡八幡宮
馬場小路
東御所
大倉幕府
北条義時
大倉亭
杉本寺
横大路
筋替(違)橋
六浦道
執権亭
若宮大路
武蔵大路
小町大路
勝長寿院
(平政子御堂御所)
北条義時小町亭
のち北条高時亭
釈迦道切通
宇都宮辻子幕府
(若宮大路幕府)
比企谷
伝比企能員亭
妙本寺
伝北条時政
名越山荘
浄明寺
大町大路
材木座
経師谷
名越切通
九品寺
和賀江嶋

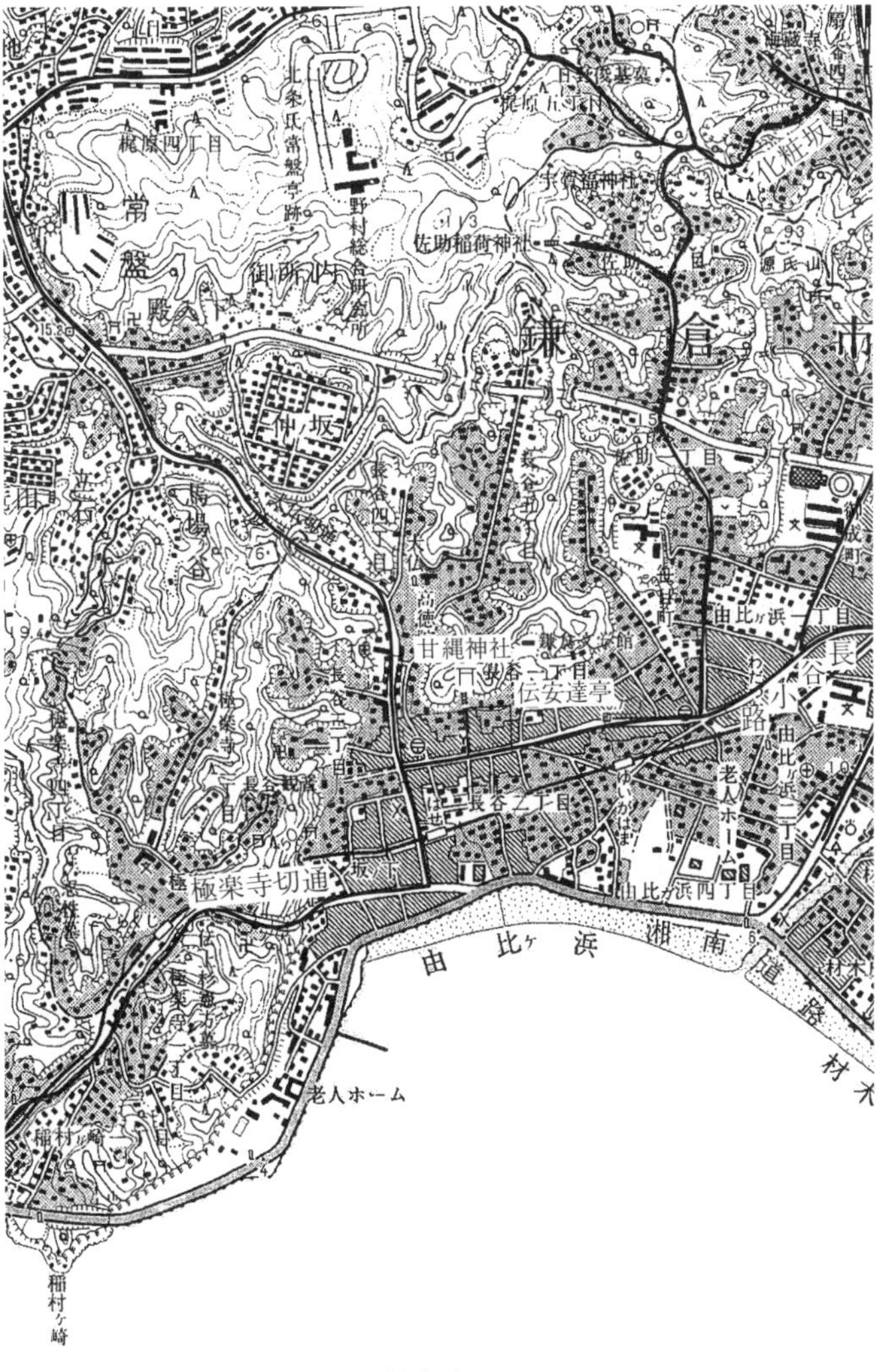
北条氏常盤亭跡
梶原四丁目
常盤
御所内
野村総合研究所
宇賀福神社
佐助稲荷神社
化粧坂
源氏山
鎌倉市
大仏
高徳院
甘縄神社
伝安達亭
長谷小路
由比ヶ浜一丁目
由比ヶ浜二丁目
長谷二丁目
老人ホーム
由比ヶ浜四丁目
極楽寺切通
由比ヶ浜
湘南道路
老人ホーム
稲村ヶ崎一丁目
稲村ヶ崎

鎌倉略図

鎌倉北条氏の素顔——プロローグ

源頼朝の下で中世を開く鎌倉幕府の成立に尽くし、源氏が三代で滅んだあと、幕府の執権《しっけん》として政権を担った北条氏。最初の武家政権である鎌倉幕府の実際の主役である北条氏は、これまでどのように評価されていただろうか。

たとえば——頼朝の挙兵より以前、伊豆《いず》時代の北条時政《ほうじょうときまさ》は、すでに広大な所領を有する大豪族で、麾下《きか》の兵力も膨大なものであった。二〇年間も流人《るにん》だった頼朝は、その大兵力を恃《たの》みとして、不器量で売れ残りだった北条政子《まさこ》を娶《めと》って、時政に恩を売ったのである。

寿永《じゅえい》元年（一一八二）十一月、頼朝の寵姫《ちょうき》亀ノ前事件の余波で、怒った時政が兵を率いて鎌倉から伊豆に引き揚げてしまったとき、頼朝は大あわてにあわてたという。時政直属の北条軍だけが、頼朝の親衛隊だったからである。

鎌倉幕府の源氏将軍家は、わずか三代で断絶した。北条時政・義時父子の悪辣《あくらつ》きわまりない陰謀の結果であり、北条政子が幕府よりも、実家の利益を重んじたからだった。

だいたい北条政子という女性は、日本史上三大悪女の一人とされたほどで、実家の利益のためには、自分が生んだ子さえも、平然と見捨てているではないか。


かつては以上のように考えられており、いまでも一部には、そのように信ずるムキもある。遠藤元男氏は『日本封建制成立史』で、次のように記されている。

頼朝が天下に号令し得たのはその政治的権力によったもので、それは己れの経済的地盤を背景としたものではなくて、北条氏のそれに依存したものであった。

しかし一方では、山路愛山氏が『足利尊氏《あしかがたかうじ》』という著作において、「北条氏は人民の味方なり」という節を設けられたように、客観的に事実に迫ろうという動きもあった。

このような動きは、幕政史の上では『鎌倉幕府訴訟制度の研究』で得宗《とくそう》専制説を提起された佐藤進一氏、経済史の上では『日本歴史地図』のなかで若狭《わかさ》国における得宗領の分布情況を地図化して掲げられた西岡虎之助氏を経て、さらに深化しつつある。

しばしば北条氏は源家三代の鎌倉幕府を乗っ取ったとされ、泰時・時頼・時宗を除けば、北条九代はみな悪党だったとされる。
しかし、はたして事実は、どうだったのだろうか。

鎌倉幕府の草創と北条氏

6

武家時代の序幕

十世紀のころ、東国の地は、桓武平氏《かんむへいし》の勢力圏だった。天慶《てんぎょう》二年（九三九）の平将門《たいらのまさかど》の乱は、結局のところ、平氏一族の間での覇権の争奪戦だった。

十一世紀に入っても、情況に変化はなかった。長元元年（一〇二八）に起った平忠常《ただつね》の乱は、これまた平忠常と平直方《なおつね》という同族間での覇権の争奪戦だった。まだまだ東国は、桓武平氏の勢力圏だった。

しかし直方は忠常の乱を鎮定できず、やがて追討使の任を解かれると、情勢は急転回した。直方にかわって清和源氏《せいわげんじ》の源頼信《みなもとのよりのぶ》が追討使に任じられると、いままで必死に抗戦していた忠常が、突然、降伏して出たのである。

直方の面目は、丸潰れとなった。直後、直方は頼信の子頼義《よりよし》を女婿《じょせい》に迎え、やがて二人の間にのちの八幡太郎義家《はちまんたろうよしいえ》が生まれると、鎌倉に持っていた館《たち》を源家に譲った。その館があったのは、いま寿福寺のある地だった。しかし直方が自館を源家に譲ったというのは、それだけのことではなかった。

この時代、「館」というのは、周辺の田畠山林や耕作する農民、さらには河川湖沼から港湾までを含む、一定の領域のことを指す。直方の鎌倉の館というのは、いわば東国での覇権のシンボルだった。これが源家に譲られたということは、東国での覇権が平氏の手から源家の手に移ったということだった。

そして八幡太郎義家から五代目が源頼朝で、直方から五代目が北条時政《ときまさ》である。やがて頼朝が興した鎌倉幕府は、時政の子孫のものになる。先祖直方が源家に譲り渡したものを、取り返したということになるのだろうか。

伊豆時代の北条氏

鎌倉幕府の半公的記録である『吾妻鏡《あずまかがみ》』は、きわめて北条氏寄りに記されている。その『吾妻鏡』によると、北条時政《ときまさ》は平直方《なおつね》から五代目だった。

北条氏の系図

北条氏の系図は数多いが、この「五代の間」については異同が多く、判然とはしない。しかし全体を詳細に見てみると、一定の傾向も窺《うかが》えるようでもある。

全体として通字《つうじ》が「方」から「時」にかわっており、その接点にあたる盛方《もりかた》に「違勅により誅《ちゅう》せらる」、「流人《るにん》」という註記があったり、または盛方の名が系図に記されてなかったりし、「時」通字の初代かと思われる時方《ときかた》あるいは時家《ときいえ》に、「実は聖範《きよのり》の子」「祖父の子になる」、あるいは「初めて伊豆北条に住す」などとあることである。

図1　尊卑分脈

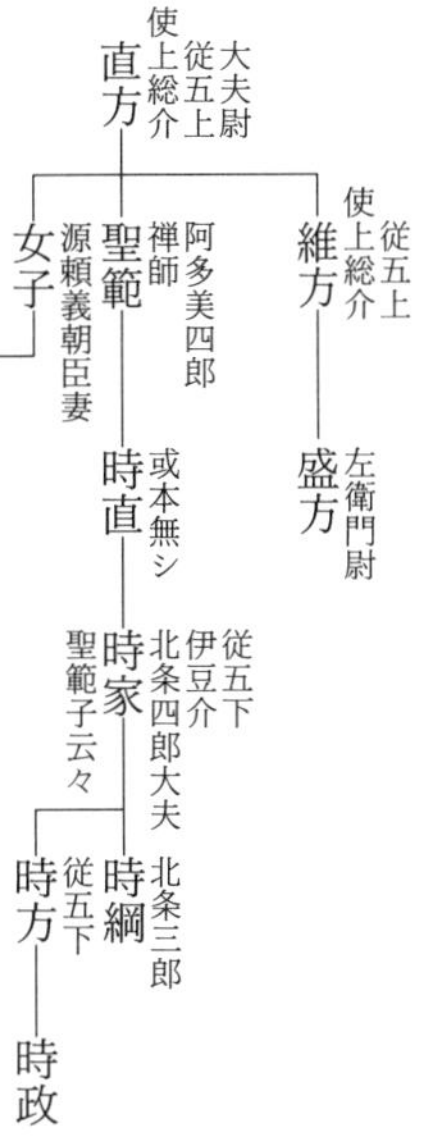

図2　続群書類従所収桓武平氏系図

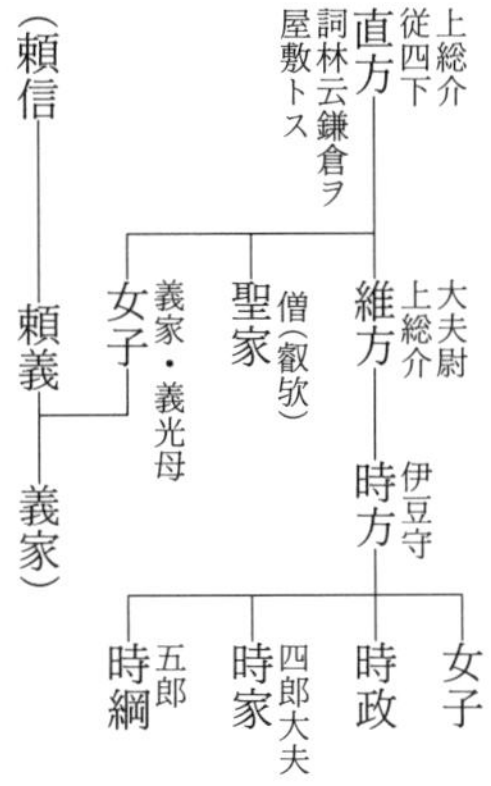

図3　続群書類従所収北条系図

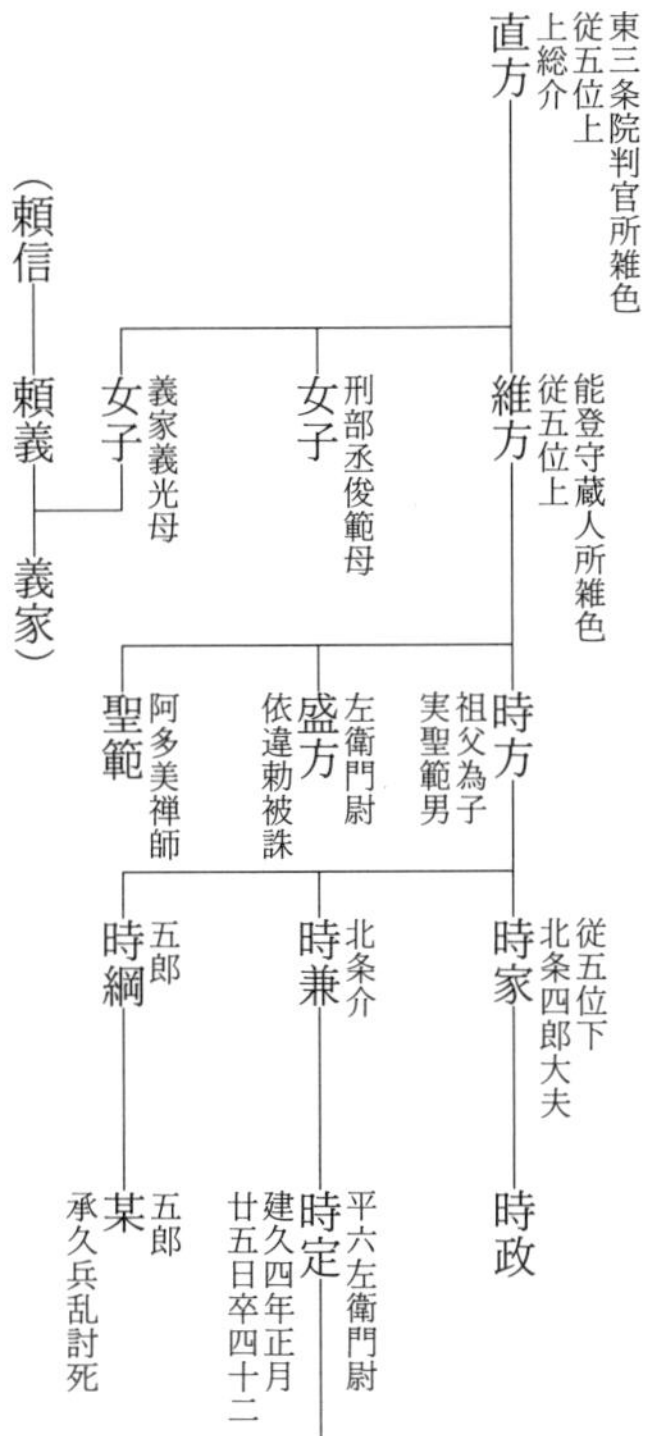

図4　系図纂要所収平朝臣姓北条流

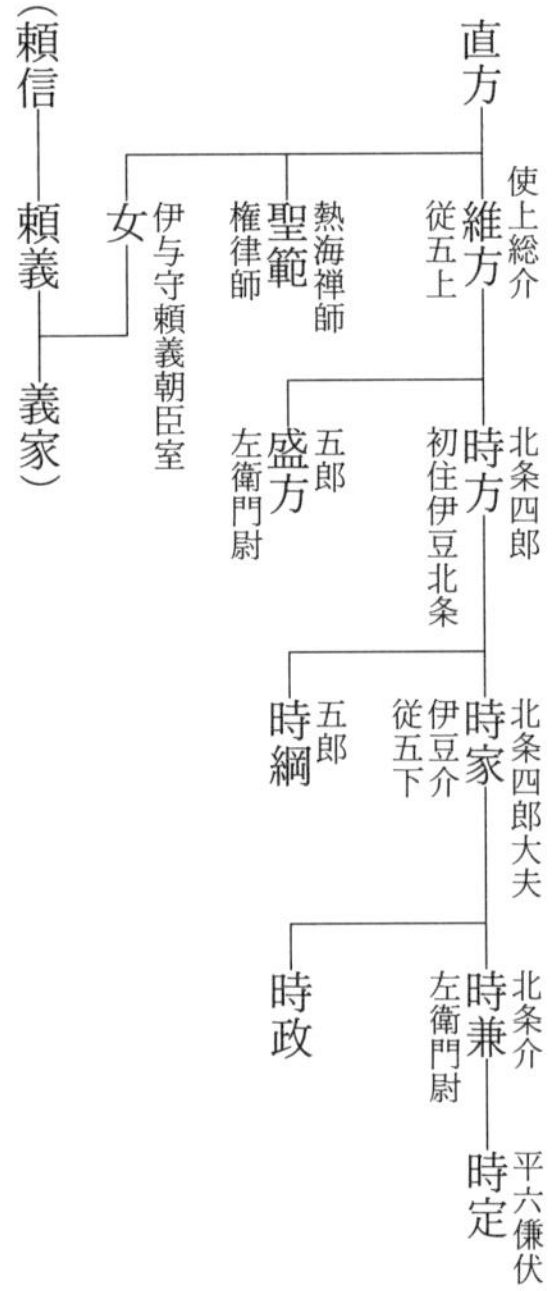

図5　正宗寺本諸家系図乾

このようなことから、一つの仮説を考えることも可能かも知れない。

平直方の後

直方の家督は、当然のことながら、嫡流《ちゃくりゅう》の「維方—盛方」と続いた。しかし事情は判らないが、盛方が「流人」となり「違勅によって誅された」ので、直方嫡系の「方」通字系は断絶した。盛方の名がない系図では、不名誉だということで記されなかったのだろう。かわって直方の次男で伊豆山権現《いずさんごんげん》の僧だった阿多美《(熱海)》禅師聖範の子時方が、維方の跡を嗣《つ》いだか、あるいは「祖父（直方）の子となる」かして、家督を嗣立《しりつ》した。盛方を避けたのは、やはり盛方の死が不名誉なものだったからであろう。

同じ理由で以降は「方」通字を捨て、「時」を通字とすることになる。また「方」通字

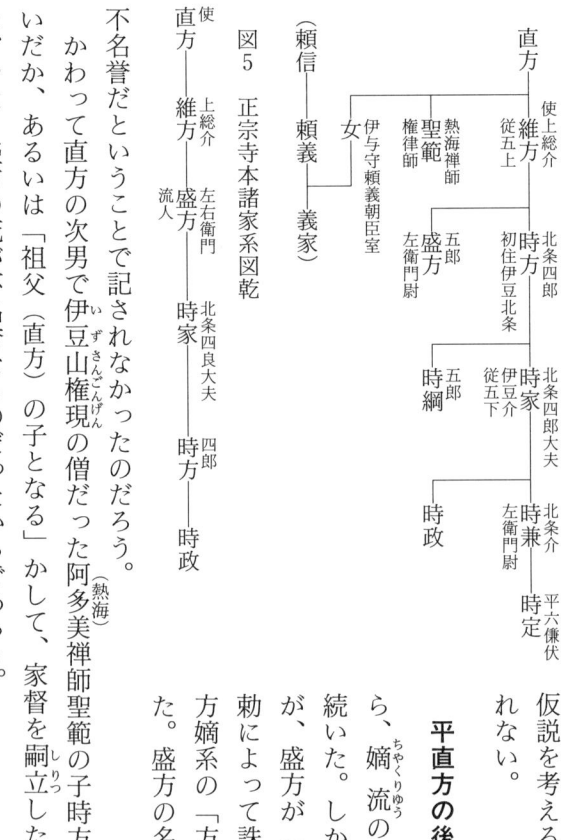

図6　正宗寺本諸家系図乾　先代一流

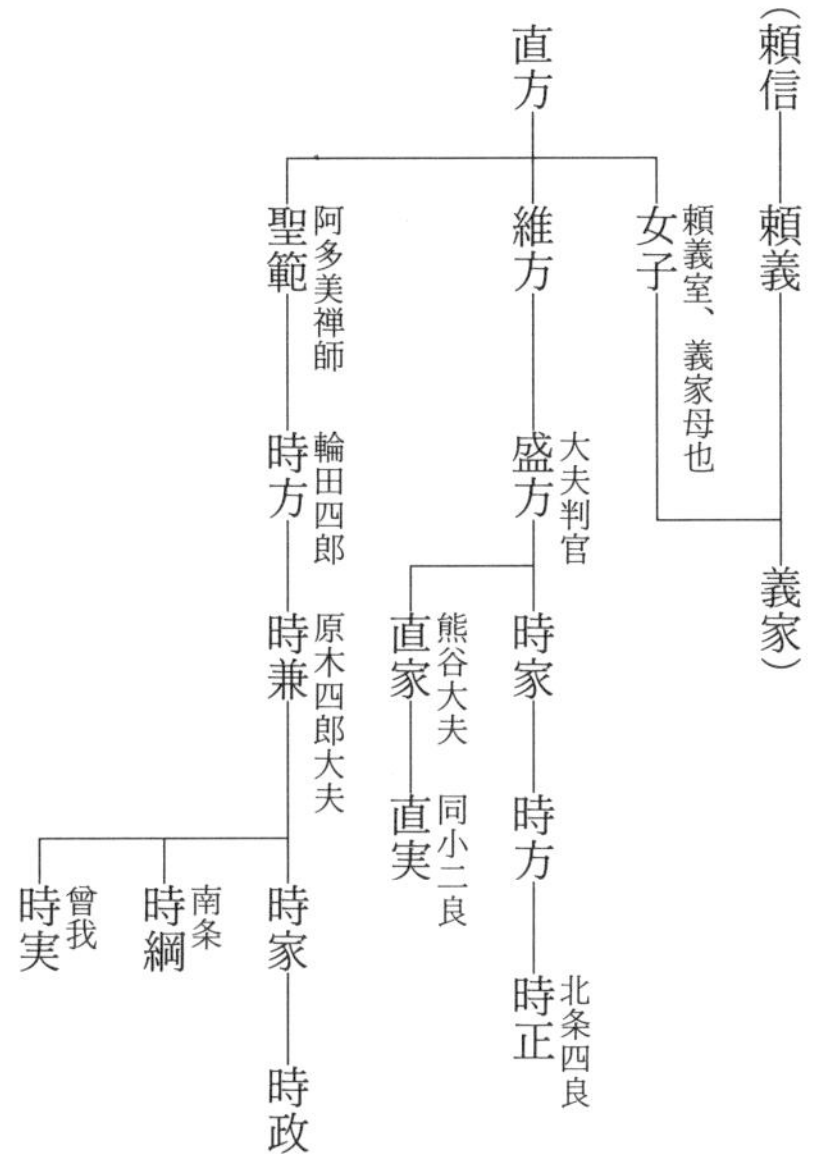

図7　新校大系図　平氏廿三平氏系図

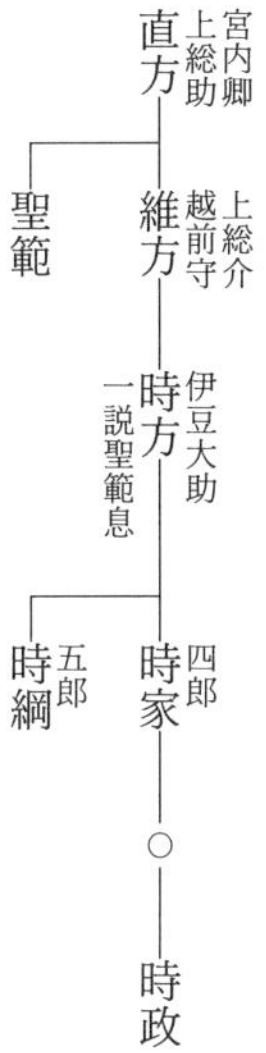

時代は、帯びていた官職の多くが京官だったことから、在京していたものと思われるが、時方の実父聖範が「阿多美《(熱海)》禅師」あるいは、「阿多美四郎」だった関係から、時方は「初めて伊豆北条に住す」るようになり、以降は「北条」を名字とするようになった。この間、伊豆守はともかくとして、伊豆国の在庁官人程度にはなっていたかも知れない。

北条氏の庶流

なお京都の杉橋隆夫氏は、時政は北条一族の庶流であり、時政の眼代《がんだい》とされている時定こそが、惣領《そうりょう》だったとされている。これを考慮に入れて直方以降の五代の系図を推定復元

図8　平家北条家系図

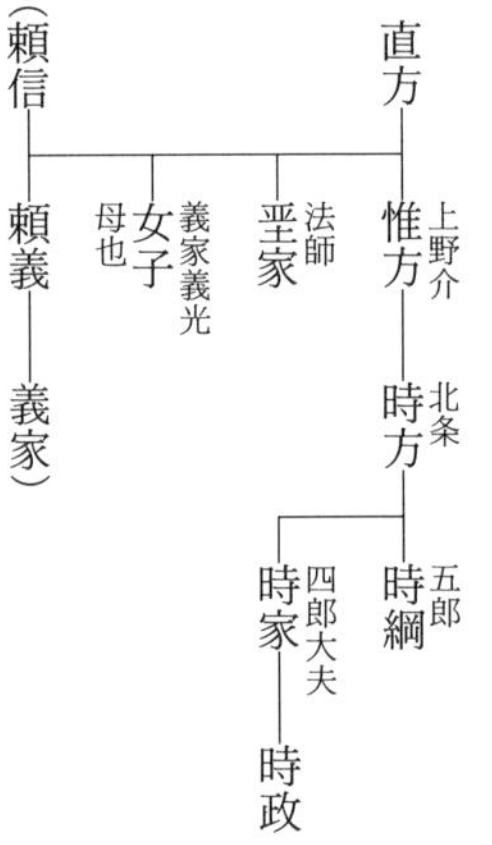

図9　本朝武家評林系図二　平家執権家之系図

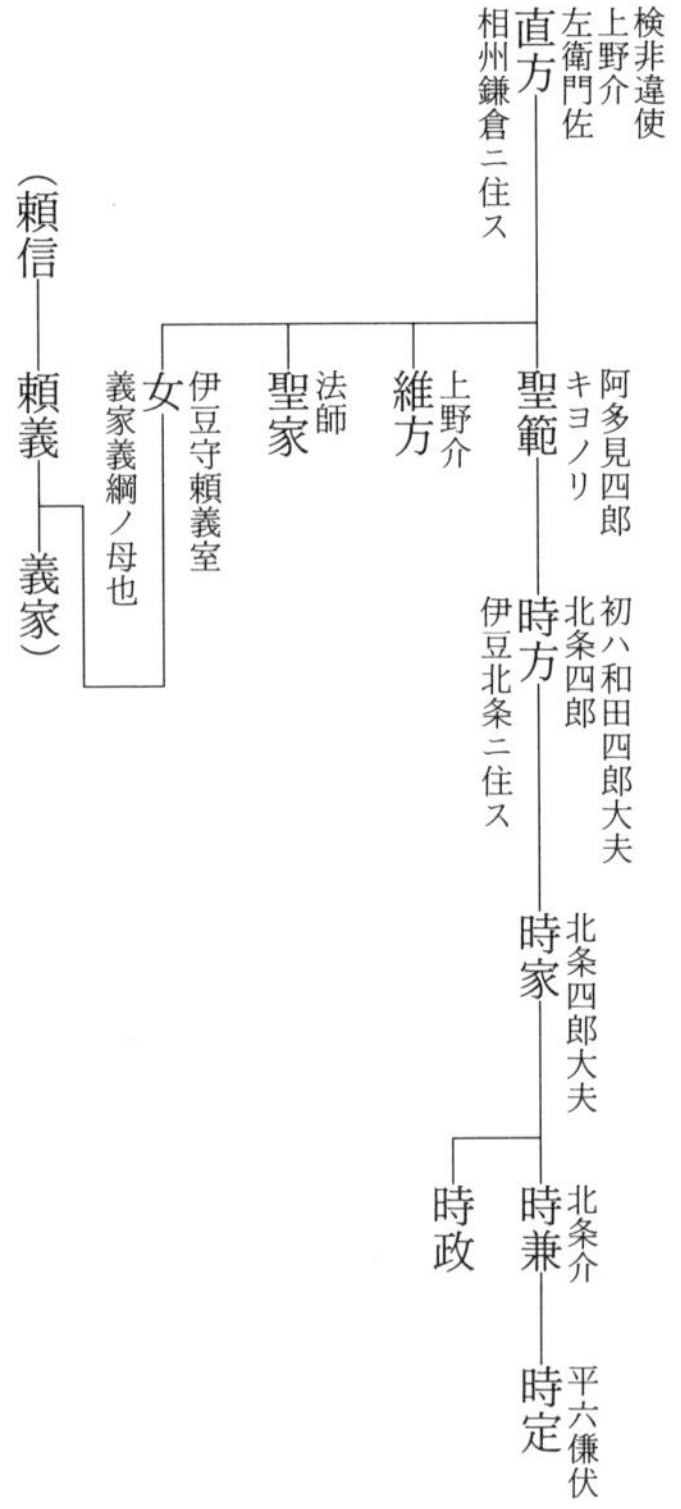

すると、図10のようになる。

いずれにしても系図が各種あるということは、それ自体、あまり大豪族だったとは思われない。しかし「大夫」を名乗ったり、「北条介《すけ》」を称した者もあったようだから、直方から時政にいたる五代の間に、伊豆国の在庁官人程度は輩出していたかも知れない。

それでも時政自身が在庁官人だったとは、まったく考えられない。北条一族での庶子家だったからである。鎌倉末期に大塔宮護良親王《おおとうのみやもりよししんのう》が発した令旨《りょうじ》に、「伊豆国在庁時政」という語句があるが、子孫の北条高時《たかとき》を貶《けな》すつもりで、かえって事実誤認をしてしまったものだろう。

北条氏発祥の地静岡県田方《たがた》郡韮山《にらやま》町寺家《じけ》字《あざ》北条は、律令制下では伊豆国田方郡棘木《ばらき》郷だった。しかし北条氏の本領だった故か、鎌倉時代には「北条郡」と呼ばれていたらしい。

その「北条郡」内の郷名と思われるものを洗い出すと、次のようである。

北条郷　南条郷　上条郷　中条郷　下条郷　安富郷　鶴喰郷　原木郷　肥田郷　糠田郷
御薗郷　長前郷　宮倉郷　神護郷　山木郷　北
中村郷　南中村郷　三原谷郷

以上一八郷のうち、山木郷は山木兼隆領、南条郷は南条氏領、そして御薗郷と三原谷郷は三島神社領だったという史料があり、かりに残りの一四ヵ郷がすべて北条氏領だったとしても、いまの韮山町程度ということになる。時政は、そのまた庶

図10　時政以前五代推定系図

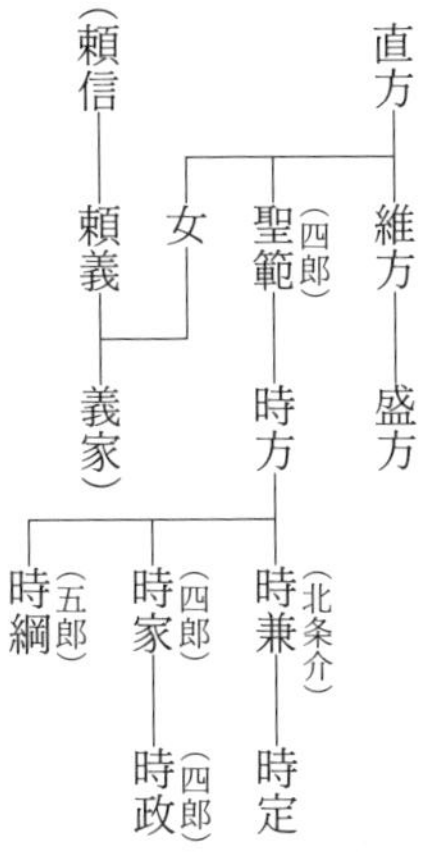

流だったのだから、決して大豪族とはいえない。

頼朝挙兵の一〇年前、保元《ほうげん》の乱後に伊豆大島に流されていた鎮西八郎為朝《ちんぜいはちろうためとも》を追討すべく、伊豆の武士団が船出したと、『保元物語』に記されている。

茂光(工藤)にあひしたがふ兵、たれ〳〵ぞ。伊藤(東)、北条、宇佐美平太、同平次、加藤太、同加藤次、最(沢)六郎、新(仁)田四郎、藤内(天野)遠景をはじめとして五百余騎、兵船廿余艘にて、嘉応二年(一一七〇)四月下旬に、大島の館にをしよせ

工藤・伊東・北条・宇佐美・加藤・沢・仁田・天野の八氏で、五百余騎、兵船二十余艘というのだが、このうち工藤と伊東は群を抜いた大豪族だった。これを考慮に入れて平均化すると、北条など各氏族の兵力は五〇騎、兵船二艘ずつ程度ということになる。

そして時政は北条一族での庶流だったのだから、それよりも一段と兵力、兵船ともに少なかったはずである。やはり北条時政は、大豪族ではなかったということになる。

北条氏飛躍の伝説

その時政系の北条氏は、わずかな年月の間に飛躍的に権力を伸張させていく。このことに眩惑《げんわく》された世人は、一つの伝説によってその事実を納得しようとしたらしい。『太平記《たいへいき》』には、次のように記されている。

今、相模入道(高時)ノ一家、天下ヲ保ツ事、已ニ九代ニ及ブ。此事有故。

昔、鎌倉草創ノ始、北条四郎時政、榎島(江ノ島)ニ参籠《さんろう》シテ、子孫ノ繁昌ヲ祈ケリ。三七日

ニ当リケル夜、赤キ袴ニ柳裏《やなぎうら》ノ衣着タル女房ノ、端厳美麗《たんげんびれい》ナルガ、忽然《こつぜん》トシテ時政ガ前ニ来テ告テ曰、

「汝ガ前生ハ箱根法師也。六十六部ノ法華経ヲ書写シテ、六十六箇ノ霊地ニ奉納シタリシ善根ニ依テ、再ビ此土ニ生ル事ヲ得タリ。去《され》バ子孫永ク日本ノ主ト成テ、栄花ニ可誇《ほこるべし》。但其《ただしその》挙動違所《たがうところ》アラバ、七代ヲ不可過《すぐるべからず》。吾所言不審アラバ、国々ニ納シ所ノ霊地ヲ見ヨ。」

ト云捨テ帰給フ。

其《その》姿ヲミケレバ、サシモ厳シカリツル女房、忽《たちまち》ニ臥長二十丈許《ばかり》ノ大蛇ト成テ、海中ニ入ニケリ。其迹《そのあと》ヲ見ルニ、大ナル鱗《うろこ》ヲ三ツ落セリ。時政、所願成就シヌト喜テ、則彼《すなわちかの》鱗ヲ取テ旗ノ文ニゾ押タリケル。今ノ三鱗ノ文、是也《これなり》。

其後、弁才天ノ御示現ニ任テ、国々ノ霊地へ人ヲ遣シテ、法華経奉納ノ所ヲ見セケルニ、俗名ノ時政ヲ法師ノ名ニ替テ、奉納筒ノ上ニ大法師時政ト書タルコソ不思議ナレ。サレバ今、相模入道七代ニ過テ一天下ヲ保ケルモ、江嶋ノ弁才天ノ御利生、又ハ過去ノ善因ニ感ジテケル故也。

伊豆時代の北条氏が弱小な存在だったことを知っていた世人は、北条氏の飛躍的な勢力伸張を、このような伝説で理解あるいは納得しようとしたのである。

このような伝説は、すでに嘉元《かげん》三年（一三〇五）より以前に、一般に広まっていたらしい。この年に禅僧の無住一円が著わした『雑談集《ぞうだんしゅう》』に、次のように記されている。

相州（貞時）禅門ノ事、（中略）、彼（時政）先祖、夢想ノ事アリテ、七代保タルベシ云々。然ルニ仏法ヲ信ジ徳政行ハレ諸寺ニ寄進ノ事有之《これあり》。尤《もっと》モ久シク保タルベキ歟《か》。

想い返してみれば、かつて平直方は「平」姓を名乗って、同姓の忠常と東国での覇権を争った存在だった。それから以降の五代の間、しだいに零落してきて、ついに今は「北条」という名字を呼称する存在になり下っていたのである。

そして北条時政という人物は、やがて彼の行動が如実《にょじつ》に示すように、もともとからの野心家であり陰謀家だった。当然のことながら伊豆にあった時政は、御家《おいえ》再興の野心を胸に秘めていたに違いない。

もちろん時政の念頭にあった「御家《おいえ》」とは、北条一族の庶流たる自分の家系のことであり、決して頼朝などの源家ではなかったであろう。

運命の芳契

流人頼朝

平治《へいじ》ノ乱の直後、永暦《えいりゃく》元年（一一六〇）三月十一日、源頼朝は伊豆国《いずのくに》に配流《はいる》された。ときに十四歳だった。以降の十余年間は、ほぼ読経三昧《どきょうざんまい》の日々だったらしい。

しかし二十代も末になってきたころ、流人《るにん》の頼朝にも春がめぐってきた。伊豆久須美《くすみ》荘（伊東市）の領主伊東祐親《すけちか》の三女、八重と恋仲になったのである。八重の兄伊東祐清《すけきよ》が、二人の間を取りもったのだろう。祐清は頼朝の乳母《めのと》比企尼《ひきのあま》の女婿《じょせい》で、義母比企尼の命で頼朝に近侍《きんじ》していたのである。

とにかく頼朝と八重との間に、やがて男子が生まれた。千鶴丸と名付けられた。

しかし幸福は、永くは続かなかった。京都大番から帰郷した伊東祐親が、ことの由を知ったのである。まだまだ平氏全盛だった。その平氏の聞こえを憚った祐親は、二人の間を裂いた。

千鶴丸は簀巻《すま》きにされて、狩野川《かのがわ》の淵《ふち》に沈められた。八重は伊豆江間郷（伊豆長岡町江間）の小領主、江間小四郎《えまこしろう》の許に嫁《とつ》がせられた。そして伊東祐親は、頼朝を殺そうとまでした。

八重の兄伊東祐清の機転で、辛うじて難を逃れた頼朝は、伊豆西岸寄りの北条時政館に逃げ込んだ。このとき、時政自身は在京していたようだから、頼朝が頼りとしたのは、時政の長男北条宗時《むねとき》だったと思われる。『吾妻鏡《あずまかがみ》』は、これを安元《あんげん》元年（一一七五）九月のこととしている。

頼朝と政子の結婚

時政館で傷心の日々を送る頼朝の前に現われたのは、時政の長女北条政子だった。やがて二人が結ばれたのは、頼朝三十一歳、政子二十一歳の治承《じしよう》元年（一一七七）だったと、『曾我物語』には記されている。

これよりさき、妹が見たという吉夢を、玉の輿を期待した政子が買い取っていたという伝説があり、また政子の妹宛てに頼朝が書いた艶書《えんしよ》を、使者に立った安達盛長《もりなが》が将来のことを配慮して、政子の方に届けたという伝説もある。

さらに伊豆国目代《もくだい》の山木兼隆《やまきかねたか》と頼朝とが、政子を間に置いて三角関係だったという伝説も、かなりに根強い。

しかし京都の公卿九条兼実《くじょうかねざね》の書いた『玉葉《ぎょくよう》』によれば、安元三年（治承元年）五月十五日、「検非違使《けびいし》兼隆」はたしかに京都にいた。継母の讒言《ざんげん》で兼隆が伊豆に配流されるのはこれより以後のこと、さらに兼隆が伊豆国の目代になるのは、以仁王《もちひとおう》、源三位入道《げんざんみにゅうどう》頼政《より》《まさ》らが戦死した治承四年五月より以降のことである。

いずれにしても芳契《ほうけい》に結ばれた頼朝・政子の間に、やがて一の姫が生まれた。のちの薄幸の佳人、大姫《おおひめ》である。治承二年か、同三年のことだったと思われる。

政子の決断と時政の狼狽

大姫誕生ということになれば、狭い伊豆国内のことである。たちまちに噂は広まって、すぐに在京中の時政の耳にも入ったらしい。

まだまだ平氏全盛は続いていた。さきの伊東祐親と同様、時政も平氏の聞こえを憚ったらしい。二人の間を裂いて政子を館内に閉じ込めたともいい、素知らぬふりをして政子を山木兼隆のもとに嫁《とつ》がせたともいう。

このとき政子は、まさに政子らしさを発揮した。時政館（あるいは山木館）を脱け出して、深夜を冒《おか》して頼朝の許に奔《はし》ったのである。後年、政子自身が、次のように語っている。

君、流人《るにん》として豆州《ずしゅう》におわす頃、吾れに芳契ありといえども、北条殿（時政）、時宜を怖れ潜かに引き籠める。しかるに、なおも君に和順して、暗夜に迷い深雨を凌《しの》ぎ、君の所にいたる。

平安公卿の姫君にはない強さが、東国武士の娘政子にはあった。この政子の強さが時政を押しまくり、ついに二人の結婚を時政に認めさせてしまったのである。

時政の決断

『源平盛衰記』には、頼朝・時政の内心が、次のように記されている。

北条四郎時政は、上には世間を怖れて兼隆(山木)を婿《むこ》に取ると雖《いえど》も、兵衛佐(頼朝)の心の勢を見てければ、後には深く憑《たの》みてけり。兵衛佐も又賢人にて謀する者と見てければ、大事をなさんずる事、時政ならでは其《そ》の人なしと思ひければ、上には恨むる様にもてなして、相背く心なかりけり。

頼朝と時政との間に、強い信頼があったというのであるが、これは本当だったであろうか。のちのちのことを考えると、肯定する気はない。

安元元年の伊東祐親と治承二年か三年ごろの北条時政と比べると、情況はまったく同じようだった。しかし伊東八重と北条政子との個性の相異のほかに、もっと大きな違いがあった。

安元元年のころには、平氏の全盛には一点の翳《かげ》りもなかった。しかし治承元年六月には鹿《しし》ケ《が》谷《たに》の変があり、すでに反平氏の動きが始まっていた。

頼朝・政子の結婚の前だったか、後だったかは判然としないが、治承三年六月には平盛《もり》子《こ》が死んでいる。清盛の娘で、近衛基通《このえもとみち》の養母になっていた。そして同七月二十九日には、清盛の長男重盛が死んでいる。そろそろ平氏衰亡の兆しは、見る人の目には見えていたかも知れない。

もともと東海道沿いの国府近くにいた時政である。京都政界の様相にも詳しかったと思われる。そして最近の上京で、みずから京都の様子は見聞してきたばかりだった。

いわば娘政子の結婚事件を契機として、秘かに頼朝に一身を賭ける決意をしたのかも知れない。北条氏興隆の端緒《たんしょ》となる頼朝・政子の運命の芳契には、その基礎に時政の野望が秘められていたかも知れない。

源平合戦と北条氏

山木館夜討ち

頼朝の挙兵は、治承《じしょう》四年（一一八〇）八月十七日の子《ね》ノ刻（午前零時）、山木兼隆《やまきかねたか》館の夜討ちだった。五月に以仁王《もちひとおう》、源三位入道頼政《げんざんみにゅうどうよりまさ》、伊豆守《いずのかみ》仲綱《なかつな》らが宇治川で戦死した直後、平大納言時忠《へいだいなごんときただ》が知行国主となった伊豆国で、兼隆は目代《もくだい》に登用されていたのである。

このとき頼朝は、時政館に留まっていた。そして北条一族の惣領《そうりょう》や在庁官人の工藤茂《くどうもち》光《みつ》をさしおいて、時政が山木攻めの指揮をとったらしい。頼朝の義父という立場が、尊重されたのだろう。

出陣にさいして、頼朝と時政との間に亀裂があることが、早くも露呈された。かねてからの作戦では大道の牛鍬《うしくわ》大路を通ることになっていたのに、突然、時政が、

「牛鍬大路は、往反の者、多し。けだし蛭島通りを行くべし」と、提案したのである。主導権を握ろうとしての発言だったことは、明白である。

これに対して、すぐに頼朝が反発した。

「今夜の一挙は、ことの草創なれば、閑路は用いがたし。また蛭島通りは畦道《あぜみち》なれば、騎馬の儀は叶《かな》うべからず。たゞ大道たるべし」

これで、ことは決した。時政の主導権獲得の意図は、一蹴《いっしゅう》されたのである。

しかし夜討軍が肥田原にいたったとき、突然、時政は馬を止めて、佐々木定綱《さだつな》・高綱《たかつな》兄弟を近くに呼んだ。

「兼隆が後見堤信遠《つつみのぶとお》の館は、山木の北方にあり。兼隆と同時に誅せずんば、煩いたるべきか。おの〳〵兄弟は、信遠を攻むべし」

その場に頼朝はいなかったので、反対する者はいなかった。時政の下知に従って、佐々木兄弟は堤信遠館に向かった。

この時期の頼朝軍は、まだ政権とも幕府ともいえるようなものではなかった。それでも時政は、予定されていた作戦以外のことを持ち出して、頼朝に次ぐ第二の地位の確保を図っていたのである。

いずれにしても頼朝挙兵の第一戦たる山木攻めは、なんとか勝利に終った。しかし挙兵から三日もたっても、もっとも恃《たの》みの相模三浦党は、まだ到着しなかった。そして同二十日、頼朝軍は伊豆国を出て、相模国に向かった。三浦党との合流を図ったのである。

石橋山ノ合戦

そして同二十三日の夜が、石橋山《いしばしやま》（小田原市石橋）の合戦だった。頼朝軍は頼朝を含めても部将は四七人で総勢は三〇〇騎、対する平氏側の大《おお》庭景親《ばかげちか》は三〇〇〇騎、さらに伊豆から追尾してきた伊東祐親勢三〇〇騎が、背後から頼朝軍を挟撃して出た。

丸子河（酒匂川《さかわがわ》）の対岸には、三浦党が馳《は》せ着けていたが、溢水のため渡河できなかった。その三浦党を眼前にしながら、頼朝軍は完敗して、背後の山中に逃げ入った。

それから四、五日間は、大庭勢の追跡を避けるのに精一杯だった。場所が土肥実平《どひさねひら》の所領内だったので、実平が主導権を握った観がある。実平の妻が秘かに弁当などを届けたというのも、このときのことである。

この間、箱根権現の別当行実《ぎょうじつ》は、頼朝を助けようとして、弟の僧永実《えいじつ》を山中に差遣した。これと山中で出会った時政は、

「頼朝殿、すでに討たれおわんぬ」

と、永実に嘘を吐いた。

これに対して永実は、

「貴殿は、拙僧を欺かんとするか。頼朝殿が亡ぜしめれば、貴殿は永ろうべからざるの人なり」

と言ったという。

いわば頼朝と時政とは、生死をともにするほどの関係なのだと、この挿話は主張しているのである。しかし事実は、どうだったのだろうか。

この間、時政の長男三郎宗時は、時政・四郎義時とは別行動をしていた。いずれか一方だけでも生き残るため、危険の分散を図ったのだろう。そして宗時は、平井郷（函南《かんなみ》町平井）のあたりで、伊東祐親勢に討ち取られている。

そして時政と次男小四郎義時とは、湯坂道を経て甲斐国《かいのくに》を目指すこと、二度におよんでいる。敗軍の将頼朝を見限って、甲斐源氏武田党を頼ろうとしたと見るのは、僻目《ひがめ》だろうか。

やがて大庭景親勢は、頼朝追跡を諦めて、相模三浦半島に向かった。頼朝に呼応した三浦党を、攻めるためである。

海路安房国へ

大庭勢が立ち去ると、ようやく頼朝たちも山中から出た。そして二十七日、時政・義時父子たちは、土肥郷岩ノ浦（真鶴《まなづる》町岩）で乗船して、海路、安房国《あわのくに》を目指した。頼朝一行が土肥郷真名鶴崎で乗船して、これまた海路、安房国を目指したのは、その翌日の二十八日だった。

これは伝説的には、「七騎落ち」とされている。しかし頼朝一行と時政たちとは、完全に別行動だった。乗船地も別なら、乗船した日も別だったのである。

さきに時政の長男宗時と次男義時との別行動を、危険の分散を図ったものと解した。ならば頼朝一行と時政たちとの別行動も、やはり危険の分散を図ったということだろうか。いずれにしても時政は、「頼朝殿が亡ぜしめれば、永ろうべきにあらざるの人」ではなかったことになる。

安房上陸と軍勢の再興

いずれにしても同二十九日、頼朝一行は安房国猟島《りょうしま》（鋸南町《きょなんちょう》竜島《りゅうしま》）に着岸した。先着した時政たちが、一行を出迎えた。さきに本拠の衣笠《きぬがさ》城（横須賀市衣笠町）を攻め落とされていた三浦党も、出迎えのなかにあった。

挙兵の当初から期待されていた三浦党との合流が、ここにやっと果たされたのである。これを機として、頼朝の軍の再興が始まった。

やがて、予定がきまった。半月ほど後、頼朝は本軍を率いて房総半島西岸を北上し、兵を糾合しつつ武蔵・相模鎌倉を経て、京都から攻め下ってくる平氏勢を、駿河国《するがのくに》で迎撃するというものだったらしい。

甲斐源氏との連繋

そして頼朝本軍の安房出撃に先立って、時政・義時父子は甲斐国に向かった。甲斐源氏武田党を説いて、駿河国で予定されている平氏勢との合戦に参加させるのが、父子に与えられた使命だった。

そして十月二十日の富士河の合戦では、武田党が源家軍の中核だった。使者としての責任を、時政は十分に果たしたのである。このとき時政は、外交折衝に秀れた才能を持っていることを、頼朝に認められたのかも知れない。

頼朝は富士河の合戦で大勝したあと、武田信義《のぶよし》が駿河を、同じく武田党の安田義定《よしさだ》が遠江《とおとうみ》を、それぞれ占拠するのを黙認した。そして本軍を率いて、背後の常陸《ひたち》に佐竹党を破るや、十一月十七日には鎌倉に帰ってきている。

時政の占める位置

この間、富士河の合戦には、もちろん時政は参加していた。しかし前線に出た形跡はない。そして佐竹攻めにさいしては、鎌倉に留まっていたと思われる。

とにかく時政は、兵力が乏しかったのである。だから以降五年間の源平合戦に、時政は一度も出陣してはいない。

ちなみに頼朝がはじめて鎌倉に入部したのは、富士河の合戦前の十月六日だった。そのころから鎌倉では、建築ブームが生じていた。頼朝の御家人となった面々が、それぞれに館の建築を始めたのである。

そして時政が自館と定めたのは、三浦道《みうらみち》の中央、のち孫の泰時《やすとき》が釈迦堂を近くに建ててから、釈迦堂ガ谷と呼ばれる谷間の上部だった。いま大町六丁目九―八、国際自動車株式会社の社員寮になっている。

きわめて用心堅固な造りだったことは、いまも虎口《こぐち》、空峒《ほうとう》、堀切、曲輪《くるわ》などの痕跡があることでも知られる。

なによりも重要なのは、地理上の位置だった。三浦党の惣領《そうりょう》三浦義澄《よしずみ》の亡兄杉本義宗《よしむね》は、かつて杉本寺の裏山に杉本城を築いた。いまは三浦党の鎌倉内での牙城と三浦半島とを結ぶのが三浦道で、時政館はその三浦道の中央で、これを見下ろす崖の上にあったのである。

このことから、この時期の時政の立場が、あらあら推測できそうである。

時政は頼朝の義父であるということと、山木攻め以来の数々とが重なって、いつの間にか伊豆武士団の棟梁《とうりょう》のようになっていたらしいのである。

相模三浦氏に対抗

そして今、頼朝が鎌倉に本拠を置くや、時政をはじめとして伊豆武士団の面々が、鎌倉に館を持つようになった。これに対抗したのが、相模武士団の棟梁三浦義澄だったのである。

万一、三浦党が鎌倉に兵力を投入しようとすれば、三浦道を通ることになる。このとき時政は、崖の上から矢の雨を降らせ、丸太・巨石を投げおろして、三浦党の動きを阻止することができるのである。

まだ源平合戦は、始まったばかりだった。それでも鎌倉では、すでに暗闘が展開されていたのである。

戦略的な意味を持つ時政の「名越亭《なごえてい》」に対し、義時の「小町亭《こまちてい》」には、そのような意味はなかった。頼朝の「大蔵御所」に近接しているというだけが、目立つ程度である。いま宝戒寺のある地である。

この間、源平合戦は、膠着《こうちゃく》情況になっていた。西国は凶作で兵粮米《ひょうろうまい》が不足だったので、平氏は兵を送り出せなかった。そして源家では、武都鎌倉の建設で忙しかったのである。

亀ノ前事件

このようなときの寿永《じゅえい》元年（一一八二）十一月、鎌倉に事件が起った。時政の後妻牧ノ方が、時政の先妻の娘政子に、そっと囁《ささや》いたのである。

「頼朝殿、良橋太郎入道殿の息女、亀ノ前を寵愛して、伏見広綱殿の飯島亭に預けおれり」

頼朝が浮気していることを、密告したのである。怒ったのは政子である。ただちに牧ノ方の父大岡宗親を呼んで、広綱の飯島亭を襲わせ、ぶちこわさせたのである。亀ノ前は危うく広綱に助け出されて脱出し、三浦党の大多和《おおたわ》義久の鐙摺《あぶずり》亭に逃げ込んだ。

今度は、頼朝が怒る番だった。自分に非があるので政子に怒りをぶつけることができなかったので、大多和義久の鐙摺亭に大岡宗親を召し出すと、

「御台所(政子)を重んじ奉るにおいては、もっとも神妙。されど、かくのごとく命ぜらるるときは、まず内々に我れに告げ申すべきにあらずか。汝の所行《しょぎょう》、きわめて奇怪」

と叱りつけて、宗親の髻《もとどり》を切り捨てたのである。

次に怒るのは、時政の番だった。自分の後妻牧ノ方の父大岡宗親が、髻を切られて泣いて駆け込んできたからである。時政はただちに名越亭をからにして、伊豆に帰って行ってしまったのである。

このとき頼朝は、義時について、

「江間(義時)は穏便の存念あり。父時政は下国すといえども、江間は相従わざるか」

と言ったという。義時を信頼していたのである。実際、探らせてみると、たしかに義時は小町亭にいた。すぐに頼朝は義時を呼び出して、

「汝、我が命を察し、父の下向に相従わざること、感じおぼしめす者なり。定めて子孫の護りたるべきか」

と、義時を激賞している。

この挿話で、われわれは頼朝の浮気の一例を知ることができるが、さらに建設中途の鎌倉の荒々しい雰囲気をも、感ずることができる。そしてまた時政・義時の相異なども、よく知ることができるようである。

北条氏勢力の伸長

この時期の時政の拠って立つ基盤は、鎌倉殿御外戚《ごがいせき》（頼朝の岳父）という立場だけだった。しかしその立場は、時政に与党拡大の好機を与えた。

下野国《しもつけのくに》足利荘《あしかが》（足利市）の足利義兼《よしかね》、武蔵国畠山荘（川本村）の畠山重忠《はたけやましげただ》、下野国の宇都宮頼綱《よりつな》など、名だたる東国の大豪族たちが、この前後のころ、時政の娘と結婚しているのである。

これに反して義時は、頼朝に近侍《きんじ》するのを旨としていたらしい。だから義時は穏便の者なりと、頼朝に信頼されていたのである。この時期に頼朝が書いたものに、「江間(義時)は家ノ子の専一」という語句があったという。

父時政は「鎌倉殿御外戚」、そして義時は「家ノ子の専一（御家人の第一番）」だったのである。父子が、それぞれ別々の道を歩み始めていたことが推察される。

ちなみに義時は、この時期、伊豆江間郷（伊豆長岡町江間）を領して、江間小四郎と名乗っていた。時政の先妻の子だったので、後妻牧ノ方を憚って、別家独立することになっていたのかも知れない。時政の子女たちも、先妻系と後妻系との別があり、すでに隠微な対抗関係が始まっていたのかも知れない。

平氏滅亡　やがて寿永二年（一一八三）に入ると、事態は急速に動き出した。野木宮《のぎみや》合戦、倶利加羅《くりから》峠の合戦、平氏の都落ち、木曾義仲《きそよしなか》の入京と続き、元暦《げんりやく》元年（一一八四）には木曾義仲の敗死、一ノ谷合戦、そして文治《ぶんじ》元年（一一八五）には屋島・壇ノ浦と合戦が続き、ついに平氏は西海に滅亡し去った。

この間、時政は、ついに戦場に立つことはなかった。しかし義時は源範頼《のりより》に従って西海に赴き、文治元年二月一日、筑前国《ちくぜんのくに》芦屋浦（芦屋町）での敵前上陸戦ではなにかの功を樹《た》てたらしく、小山宗政・同朝政・比企朝宗・同能員ら一二人とともに、頼朝から感状を与えられている。

義経・行家の叛逆　しかし義経《よしつね》・行家《ゆきいえ》の叛逆という事件が起ると、時政の出番だった。外交折衝の才能を買われて初代の京都守護に任じられて、文治元年十一月、借り武者など一〇〇〇騎を率いて、上洛したのである。

京都に着くと、たちまちに時政は、その才能を発揮した。ただちに義経・行家追討の院宣《いんぜん》を後白河法皇に出させ、全国に守護《しゅご》・地頭《じとう》を設置することを認めさせ、さらに地頭が反別五升の兵粮米《ひょうろうまい》を得ることまで、許可させたのである。

敵将の首を一つか二つ取るよりも、格段の手柄だった。さらに続いて朝廷にいた反幕的公卿の解任、かわって親幕的な公卿の登用、すでに頼朝が獲得していた関東御分国八ヵ国にさらに豊後国《ぶんごのくに》を加える等々、鮮やかなばかりの活躍だった。

もちろん頼朝の指示・協力があってのことではあったが、これだけのものを朝廷から引き出しておきながら、朝廷から憎まれなかったというのも、まさに時政らしかった。

翌二年三月、責任を果たして時政が下向しようとしたとき、公卿たちがそれを惜しんだほどだった。

幕府内では登用されず

しかし抜群の功を樹てて帰ってきた時政に、なんらの恩賞も与えられなかった。幕府の要職に登用されることもなく、朝官に推挙されることもなかったのである。

ちなみに頼朝は、清和源氏の血統で主立った者には、関東御分国のうちの国の国司に任じ、これを御門葉《ごもんよう》と称して、源姓呼称を許すということがあった。

源範頼（三河守）大内惟義《これよし》（相模守）山名義範（伊豆守）伏見広綱（駿河守）足利義兼（上総介）平賀義信（武蔵守）安田義定（越後守）加々美遠光（信濃守）

また血統的には清和源氏でなくても、御門葉に准ずるということで、准門葉《じゅんもんよう》という格が与えられることもあった。この場合、国司に任じられる者と、任じられない者とがあった。

毛呂季光（豊後守―藤原氏）　結城朝光（上野介―藤原氏）　一条能保（讃岐守―藤原氏）

大江広元（因幡介―中原氏）　下河辺行平（―藤原氏）

幕閣の要人たちが、このように頼朝の殊寵を蒙っていたとき、一人時政だけは、それに洩れていたのである。陰謀家で野心家であることを、警戒されていたのだろう。

所領の拡大

しかし所領だけは、かなりに増加していた。いま確認あるいは推定されるものだけでも、次のようである。

遠江国蒲御厨（新居町）

〃　河村荘（菊川町）

駿河国益頭荘（藤枝市益頭）

〃　富士郡（富士市）

〃　大岡牧（沼津市大岡）

伊豆国寺宮荘（韮山町内ヵ）

〃　桑原郷（函南町桑原）

〃　仁科荘（西伊豆町）

信濃国伊賀良荘（飯田市久米）

〃　大井荘（飯田市伊賀良）
越前国大蔵荘（鯖江市大倉町）
肥前国武雄社（武雄市）
〃　黒髪社（西有田町）
肥後国阿蘇社（阿蘇町、一ノ宮町）
〃　健軍社（熊本市健軍町）
〃　甲佐社（甲佐町）
〃　郡浦社（三角町郡浦）

文治五年（一一八九）には奥州藤原攻めがあり、時政・義時父子ともに参陣している。しかし二人ともに、たいした戦功はなかったらしい。出陣直前に戦勝を祈って、時政が本領に願成就院《がんじょうじゅいん》を創建したのが、やや目立つ程度である。

なお時政の所領獲得の方向は、西方に向かう傾向があった。これに反して義時の目は、北を見ていた気配がある。奥州戦の直後に義時が拝領したのは、陸奥国《むつのくに》でも、みな北寄りの地だったのである。

平賀郡（平賀町、弘前市）
田舎郡（田舎館村、青森市、黒石市）

山辺郡（五所河原市）
鼻和郡（中津軽郡）
外ヶ浜（東津軽郡）
西ヶ浜（西津軽郡）

注目すべきは、北条父子が獲得した所領は、東国では皆無だったということである。そして本来は小土豪だったが故に、譜代の郎等などという者も少ない。それが急速に成り上って所領を増大させてしまったため、代官として現地に送り込む人材など、ほとんど持ってはいない。

そのような事情から、伊豆の名主クラスの農民や源平合戦期に平氏に仕えるなど、時勢に乗り遅れた者たちが採用されて、北条氏領の現地に代官として送り込むという方式が、行なわれたようである。

御家人の反感

いずれにしても急速に成り上った北条氏に対して、一般御家人の反感は小さいものではなかった。建久三年（一一九二）五月、義時の長男金剛《こんごう》丸《まる》（のち泰時）の前を、多賀重行は下馬の礼をせずに乗り打ちして、その無礼を頼朝に咎《とが》められているのは、その一証左である。

このとき金剛丸は多賀重行をかばって、頼朝から激賞されたというが、これも数多い泰時伝説の一つである。とにかく御家人たちの反感は、無視できぬまでになっていた。

相次ぐ族滅事件

鎌倉幕府は日本最初の武家政権だと、よく言われる。たしかに東国武士が一致して西国の平氏と戦って樹立したものだが、内実はそれほど簡単ではない。

幕府内部の対立

源平合戦を戦って幕府を樹立するには、東国武士は大きく貢献した。しかし彼らには、法律をつくったり文書を作成したりする能力は、まったく欠けていた。だから大江広元《おおえのひろもと》、三善《みよし》善信、大中臣秋家など、下級の貴族たちが京都から下向してきたのである。京都では下級だったから、かえって事務に練達していたようである。

こうして成立したばかりの鎌倉幕府には、東国武士と京下貴族とが、混在することになった。片や武、片や文である。水と油という両者が、すぐに溶け合うことはない。いきおい両者は、対立することになった。

また先述したように、時政を中心とする伊豆武士団と三浦党中心の相模武士団の間にも、すでに隠微な対立はあった。そのほかにも、さまざまな対立があったに違いない。

しかし頼朝が生きている間は、その頼朝の存在が大きな重石《おもし》となって、御家人間の諸対立が表面化することはなかった。ところが正治《しょうじ》元年（一一九九）正月十三日、その頼朝が死んだ。二代目を嗣立《しりつ》した頼家《よりいえ》は、お坊っちゃん育ちで、重石の役など果たせるわけはなかった。

頼朝死後の波瀾

果然、鎌倉に波瀾が頻発し始めた。意外なことに最初の目標は、二代将軍頼家だった。頼朝の専制的支配には黙って服従していた御家人たちが、一三人の宿老《しゅくろう》会議というのを組織して、頼家の権力の掣肘《せいちゅう》を図ったのである。

北条時政　北条義時　大江広元《おおえのひろもと》　三善善信　中原親能《ちかよし》　三浦義澄《よしずみ》　八田知家《はったともいえ》　和田義盛《よしもり》
比企能員《ひきよしかず》　安達盛長《あだちもりなが》　足立遠元《とおもと》　梶原景時《かじわらかげとき》　二階堂行政《にかいどうゆきまさ》

注目すべきは、北条時政・義時父子が含まれていることだった。ちなみに時政は、かつて京都守護になったほかは、いままで幕府の役職に就任したことはなかった。それが今、幕府の要職にはじめて就任したのである。

鎌倉での波瀾の第二弾は、頼家の側からの反撃だったかも知れない。頼朝の流人時代の近侍安達一族を、頼家が追討しようとしたのである。このとき北条政子が、体を張って諫《いさ》めたので、事は未然に終った。

梶原景時の族滅

第三弾は、些細《ささい》なことから始まった。幕府の侍所《さむらいどころ》に出仕した結城《ゆうき》朝光《ともみつ》が、同僚たちに頼朝の冥福を祈って念仏を勧め、「忠臣は二君に仕えず」と、つい口走ったのである。

その直後、幕府の女官阿波局《あわのつぼね》が朝光に、

「汝が云いたることを、梶原景時が将軍家に讒訴《ざんそ》せるにより、近日、汝は誅戮《ちゅうりく》せらるべし」

と告げた。

驚いた朝光は、友人の三浦義村《よしむら》に相談した。義村は和田義盛・安達盛長と協議し、御家人六六人が連署した景時弾劾状《だんがいじょう》を、大江広元を通じて頼家に提出した。六六人のなかに、北条父子の名はなかった。

やがて頼家に訊問された景時は、一言の抗弁もできずに退出し、しばらく相模一ノ宮の所領に引退したが、翌年正月、一族を率いて上洛しようとしたところ、駿河清見ヶ関（清水市興津清見寺町）で討手に攻められて族滅したと、『吾妻鏡《あずまかがみ》』には書かれている。

しかし京都の公卿九条兼実《かねざね》の『玉葉《ぎょくよう》』には、まったく違うことが記されている。御家人の間に頼家を倒して弟千幡丸（のち実朝《さねとも》）の擁立を図る陰謀があり、これを探知した景時がそれを頼家に報告したが信用されず、かえって鎌倉を追却されて族滅したというのである。

『吾妻鏡』と『玉葉』と、いずれが真実なのか。いずれにしても一三人の宿老会議、安達氏追討事件、そして梶原事件に共通して、頼家と御家人たちとの間に対立があったことが看取できそうである。

そして、この対立を利して裏で暗躍したのが、実は時政だったのではないか。結城朝光の不図《ふと》した一言をエスカレートさせた阿波局こそ時政の次女で、夫阿野全成《あのぜんじよう》（かつての今若丸）とともに千幡丸の乳母だったのである。さらにやがて頼家を伊豆修禅寺に追却して千幡丸を三代将軍に擁立したのは、まさに時政であった。

時政の台頭

ところで、鎌倉幕府には、垸飯《おうばん》という風習があった。御家人を代表した者が、正月三箇日に酒肴を献上することで、将軍への忠節を誓うという意味がある。のちの「大盤振舞い《おおばん》」の語源だともいうが、元旦の垸飯役は御家人中でのナンバー・ワンで、二日の役がナンバー二、三日がナンバー三という序列がある。

そして梶原事件の渦中にあった正治二年（一二〇〇）元旦、垸飯役を勤めたのは、時政だった。つまりは頼朝存生中は鎌倉殿御外戚《ごがいせき》ということで、一般御家人の列外にあった時政が、御家人の列に落とされたが、それでも御家人中でのナンバー・ワンの位置を与えられたということである。

そして同年四月一日、時政は遠江守《とおとうみのかみ》に任じられた。つまりは准門葉《じゅんもんよう》ということになったのである。時政の外孫将軍頼家は、時政を一般御家人とは別格の鎌倉殿御外戚という立場から引きずりおろしたが、生母政子の思惑を考慮に入れてか、一般御家人中でのナンバー・ワンで准門葉という地位を与えたということかも知れない。

それかあらぬか、このころの頼家は、時政を「時政、時政ッ」と呼んだという。頼家と対立した御家人たちのなかで、その最先鋒となっていたのが、まさに頼家の外祖父の時政だったのである。

頼家の外戚比企能員

それでも以降の三年間、一見、平穏のようだった。しかし時政にとって怖るべき敵が、しだいに姿を現わしてきていた。武蔵比企郡の大豪族比企能《ひきよし》員《かず》である。

かつて頼朝が生きていたころ、時政はその岳父ということで、鎌倉殿御外戚だった。そして今、その地位に比企能員が付いていたのである。能員の娘若狭局《わかさのつぼね》は、すでに頼家の子一幡丸を生んでいた。

この間、時政は着々と手を打っていた。子の北条時房《ときふさ》（義時の弟）を、頼家の近侍たちの中に送り込んでいたのも、それだった。嫡孫《ちゃくそん》北条泰時を三浦義村の娘と結婚させたのも、それだった。鎌倉東南隣の三浦半島に精鋭を擁する三浦党と、手を結んだのである。直後、三浦義村が土佐国《とさのくに》の守護に任じられたのは、時政からの引出物だったかも知れない。

頼家の側でも、時政の陰謀に気づきかけていたらしい。しかし情報が正確ではなかったようで、時政は頼家を廃立して、かわりに阿野全成の擁立を策していると、誤解したようである。

阿野全成誅殺

阿野全成はかつての今若丸。義経の兄だが時政の次女と結婚して、駿河国阿野荘（富士郡）の領主である。この全成が将軍になれば、時政はかつてのように将軍家の岳父ということになるから、頼家が誤解したのも無理はない。

いずれにしても頼家は、先手を打った。建仁《けんにん》三年（一二〇三）五月、突然、阿野全成を召し取ると、翌月には殺したのである。頼家としては、これで陰謀を粉砕できたと思ったかも知れない。

しかし時政が頼家の代りに擬していたのは、全成ではなかった。頼家の弟千幡丸だったのだから、全成を殺されても、なんの痛痒も感じなかったに違いない。とにかく時政は、好機が来るのを待つだけである。

そして同年八月下旬、好機が来たようだった。先月から病気がちだった頼家が、ついに危急に及んだのである。

比企氏滅亡

このとき、時政が登場した。将軍頼家の権力を二分して、関西三八ヵ国の総地頭職を頼家の弟千幡丸に、残る関東二八ヵ国の分を頼家の子一幡丸に譲るとしたのである。もちろん頼家室の若狭局やその父比企能員が、黙っているはずがない。二人から事の由を聞いた頼家は、すぐに時政追討の下知を能員に下した。

このとき、隣室に政子がいて、すぐに時政に急報したと、『吾妻鏡』には記されている。将軍御所がそんなに狭小だったとは、いささか腑に落ちないが、いずれにしても急報を受けた時政は、すぐに能員を自館に誘殺した。

これを知った比企一族は、一幡丸を擁して大蔵幕府西隣の小御所に楯籠った。そこへ尼将軍政子の命を受けた幕府軍が殺到して、比企一族と与党を全滅させた。建仁三年九月二日だったという。

直後、連累者が生け捕られ、あるいは流刑、あるいは死罪とされた。比企一族の妻妾や幼児は、安房国《あわのくに》に流された。また能員の妹の子だった島津忠久は、薩・日・隅三ヵ国の守護職と、同三ヵ国にまたがる広大な島津荘などを没収された。その島津荘のうち日向方と大隅方とは、時政領となった。

注目すべきは、直後に京都に向けて使者が立ったことだった。まだ死んではいない頼家が死んだと朝廷に報告され、千幡丸を三代将軍に擁立することの許可を求めたのである。病状から推しても、頼家の死は間違いないと考えたのだろう。

三代将軍を擁立

ところがその予定に、思わぬ狂いが生じた。三日後の同五日、頼家の病状が持ちなおしたのである。

そして頼家は、妻と長男、そして妻の実家とその一族与党が、全滅したことを知った。すぐに頼家は、堀親家《ちかいえ》を使者として、和田義盛と仁田忠常《にったただつね》に時政追討を下知した。

頼家の下知を受けた和田義盛は、すぐに時政に対して異心のない旨を通じたので、無事だった。しかし頼家の使者となった堀親家と、その下知を受けていた仁田忠常とは、ただちに処断された。なお『鎌倉年代記』の裏書には、忠常は一幡丸の乳母夫だったとある。

頼家幽閉、暗殺

そして七日の夜、頼家は出家落飾し、やがて伊豆国修禅寺に流された。死んだと朝廷に報告した手前、鎌倉には置いておけなかったのである。

このとき頼家は、太刀を持って抵抗しようとしたらしい。『愚管抄《ぐかんしょう》』には、「母(政子)ノ尼モトリツキナドシ」て頼家を抑えたとあるが、これが誤って解釈され、後世の政子悪女説の基となる。事実は父時政と息子頼家との対立反目の間にはさまった政子が、なんとか頼家の生命だけは助けようとしたものである。

しかし政子の願いも、結局は叶わなかった。翌元久《げんきゅう》元年（一二〇四）七月十八日、頼家は修禅寺で殺された。二十三歳だった。もちろん時政が、刺客を放ったのである。なお頼家を殺させたのは、義時だという説もある。もちろん間違いである。のちのちまで政子と義時との姉弟は、仲が良い。義時が頼家殺害を命じたのだとすると、あれだけ二人の仲が良かったはずはない。

時政の策謀　時政の陰険なやりかた、あるいは『吾妻鏡』のある種の特徴を、如実に示す挿話がある。

比企事件直後の同四日、中野能成《なかのよしなり》など頼家の側近は生け捕られたと、『吾妻鏡』には記されている。ところが同日付けで、時政が能成の所領を安堵《あんど》した下文《くだしぶみ》が残っている。さらに同二十三日、能成の所領の公事《くじ》免除を、時政は令していたのである。

かつて頼家は、御家人の妾女を略奪したことがある。このとき実際に動いたのが、能成だった。このほか頼家の悪行といわれることの多くに、この能成は関与していた。その中野能成は実は時政のスパイであり、そしてそのことを『吾妻鏡』は、秘していたのである。

ちなみに頼家が鎌倉殿だったのは、わずか五年間だった。この間に北条氏領となった地は、まったく管見に入らない。もって時政と頼家との対立反目の激しさが、感じられる。

三代将軍実朝

そして今、十二歳の千幡丸が家督を嗣ぎ、三代将軍として源実朝《さねとも》と名乗った。そして時政は、大江広元と並んで幕府政所の別当となった。いわゆる執権《しっけん》に就任したのである。

ほぼ前後して、時政領も増加した。前述の島津荘日向方、同大隅方のほかに、相模国糟《かす》屋《や》荘（伊勢原市糟屋）、薩摩国新田宮（川内市宮内町）などである。また義時も、上総国《かずさのくに》橘《たち》木《ばな》荘（茂原《もばら》市本納《ほんのう》）を獲得している。ようやく東国にも、北条氏領ができてきたのである。

なお時政の娘のなかには、京都の公卿と結婚した例がある。三条中納言実宣室、坊門中将忠清室などである。『愚管抄』には、「コト《(子)》ムスメ《(娘)》トモ《(共)》、皆公卿殿上人ドモノ妻ニ成テスギケリ」とある。幕府執権となったことから、京都朝廷への接近を図っていたのかも知れない。

畠山重忠を討つ

しかし現実派の時政である。足下を固めることも、忘れてはいない。

この時期、時政が目を着けたのは、武蔵国だった。

大豪族比企氏が滅び去った今、武蔵国では畠山重忠と平賀《ひらが》朝雅《ともまさ》とが対立していたらしい。重忠は時政の先妻の娘の婿で、武蔵国衙《こくが》では武蔵武士に対する指揮権のある惣検校。そして朝雅は時政の後妻牧ノ方の女婿で、武蔵国衙全体に指揮権を持つ武蔵守だった。

つまり重忠と朝雅との対立は、いわば時政の先妻派と後妻派との対立ということになる。

だから元久二年（一二〇五）六月二十一日、時政・牧ノ方二人に先妻の子義時・時房兄弟が、重忠討つべしと命じられたとき、兄弟がはじめは拒絶したのは、当然だった。しかし牧ノ方に強く迫られた二人は、結局は重忠追討を承諾した。

そして翌二十二日早朝、重忠の子重保が、鎌倉由比ヶ浜に誘殺された。そして午後、武蔵国二俣河《ふたまたがわ》（横浜市旭区二俣川町）で待ち伏せされた重忠は、激闘約五時間ののち、四十二歳の生涯をおえた。

翌日、凱旋してきた義時に対して、時政は合戦の様子を尋ねた。これに対して義時は、「重忠の手勢は、わずか百余輩なり。謀反ということ、なに人かの讒訴《ざんそ》なり。眼前に持ち来たれる首を見るに、年来の親交を思い悲涙禁じ難し」と答えた。これに対して、時政は一言もなかったという。

牧ノ方事件

すでに時政・義時の間に、立場と意見の相違があったことは、歴然だった。源平合戦に西海へ行かなかった時政に、九州で敵前上陸を敢行した義時。陰謀家の時政に、闊達な義時とである。

時政・義時父子間の破局は、案外に早く訪れた。畠山事件から二ヵ月もたたない同閏《うるう》十九日、時政・牧ノ方夫妻が自館に預かっていた将軍実朝を殺し、平賀朝雅を将軍に擁立しようとしているとの情報が、尼将軍政子の耳に入ったのである。

ただちに政子は兵を発して、実朝の身柄を時政館から迎え取った。これで、事件は決着した。時政が自館に集めておいた兵は、一斉に政子方に付いたのである。その夜、時政は出家し、翌二十日、伊豆北条郡に引退した。事実上、娘政子、息子義時に、鎌倉から追却されたのである。世に牧ノ方事件という。

それから一〇年後の建保《けんぽう》三年（一二一五）正月六日、時政は伊豆北条館で七十八歳で死んだ。墓は伊豆韮山町の願成就院《がんじょうじゅいん》にある。

執権政治の展開

生涯三度の難

義時執権となる

時政が失脚したあと、北条義時《よしとき》が家督を嗣立して執権《しっけん》に就任した。和歌好きの三代将軍源実朝《さねとも》は温和で、義時を叔父として遇したので、将軍と執権との仲はよかった。二人の間に尼将軍《あましょうぐん》北条政子《まさこ》がいたことも、幕閣に安定をもたらした一因だった。

義時の政治の基調は、東国武家政権の安定強化だった。また義時は、父時政とは反対に、源平合戦では西国遠征にも従軍して、多くの東国武士たちと苦難を分かち合っていた。このようなこともあって、義時の政治は多くの幕府御家人の支持を得ていたので、幕府が安定していたのだともいえる。

駿河以西の東海道の宿駅に、夜昼の別なく御家人を結番勤務させて、旅人の安全を守ろうとしたり、諸国の守護地頭に命じて、諸街道に宿駅を建てさせたりした。

武家の首都としての鎌倉の整備、地頭御家人の権益の保全など、義時の政治は頼朝政治によく似ていた。しかし頼朝に見られた京都への妥協的態度は、義時には乏しかった。義時は頼朝政治の一番弟子ではあったが、その意味では師の頼朝を抜きんでていたと、いえるかも知れない。

大蔵御所から離れた名越《なごえ》に館を構えた時政とは違って、義時は御所に近い小町に居を構えたのは（いま宝戒寺）、積極的に頼朝政治を学ぼうとする意欲の表われだった。

頼朝の政治を受け継ぐ

このような義時の態度は、頼朝の目にとまっていたらしい。頼朝の寵姫《ちょうき》亀ノ前事件の余波で時政が鎌倉を引き揚げてしまったとき、

「江間《（義時）》は穏便の存念あり。父時政は下国すといえども、江間は相従わざるか」

と頼朝は言い、実際に義時が鎌倉に留まっていたのを知ると、

「定めて子孫の護りたるべきか」

と言ったことは、先述してある。

頼朝挙兵の翌年四月、頼朝は寝所近辺警固のため、主立った御家人のうちの若者一一人を指名した。多くは武勇に秀れた者たちだった。だが、一人、異色だったのは義時である。

とくに武勇に秀れていたという逸話を持たなかったのに、義時は選ばれていたのである。

このように信頼されていた義時は、ほぼつねに頼朝に近侍していたようである。頼家の着甲始《ちゃくこうはじめ》には頼朝の御簾《みす》を上げる役を務め、頼朝の由比ガ浜逍遥や那須野の狩倉などでも、頼朝の近くには義時の姿があった。

女性関係と子供たち

こうして義時は、頼朝政治を眼前にして学んだのであるが、女性関係でも頼朝を見習ったらしい。義時の女性関係も、決して少なくはなかったのである。

義時の嫡男《ちゃくなん》金剛丸（のち泰時《やすとき》）を生んだ幕府女官の阿波局《あわのつぼね》は、直後に死んだらしい。以降、史料に現われないのである。実家など、まったく判らない。

元号が文治《ぶんじ》から建久《けんきゅう》元年（一一九〇）と改まったころ、義時は恋をした。相手は比企《ひき》朝宗《ともむね》の娘姫ノ前で、これまた幕府の女官だった。女官たちのなかでも「権威無双」と謳われ、「容顔はなはだ美麗」だった。義時は一、二年にわたって艶書を書き送ったが、姫ノ前はいっかな靡《なび》く気配はなかった。

そして建久三年（一一九二）九月、ついに頼朝が知った。すぐに頼朝は仲介に立って、

「生涯、離別を致すべからず」

という起請文《きしょうもん》を義時に書かせたうえで、二人を結婚させた。ときに義時は三十歳だった。

そして建久四年に次男朝時《ともとき》、続いて同九年六月六日には三男重時《しげとき》が生まれる。それぞれ名越《なごえ》流、極楽寺流の初代となる。

しかし頼朝の死の前後のころから、北条氏と比企氏との間に対立が生じていた。この間にあって姫ノ前がどうなっていたか、まったく判らない。

いずれにしても正治《しょうじ》二年（一二〇〇）五月二十五日、義時の妾になっていた伊佐朝政の娘が、義時の四男有時《ありとき》を生んだ。伊具流の初代である。

そして建仁三年（一二〇三）九月、比企氏事件が起った。義時は姫ノ前の実家である比企一族を、攻め滅ぼしたのである。これより以前に姫ノ前は、離別されていたのだろう。

そして元久二年（一二〇五）六月二十二日、伊賀朝光の娘伊賀ノ方が、義時の五男政村《まさむら》を生み、続いて承元二年（一二〇八）には、六男実泰が生まれている。このほかに系図によっては、尚村・時尚という男子もいたとあるが、判然とはしない。

女房運に恵まれたとは言い難い義時だが、子息にだけは恵まれたといえよう。長男泰時は執権政治の確立者であり、次男朝時《ともとき》、三男重時なども、また出色の人物だった。

その次男朝時が二十二歳だったとき、義時から厳しく叱られたことがある。建暦《けんりゃく》二年（一二一二）五月、幕府の官女の一人を見染めて艶書を送ったうえ、彼女を将軍御所から誘い出してしまったのである。

これを知った将軍実朝《さねとも》も怒り、また義時も怒った。このとき義時は、かつて同じようなことを自分もしたことを、すっかり忘れていたらしい。そして朝時を、自領の駿河国富士郡に追却したのである。

しかし朝時の蟄居《ちっきょ》は、永くは続かなかった。一人でも多くの戦力を必要とする合戦が、起こりそうだったのである。義絶を許されて朝時が鎌倉に帰ってきたのは、建暦三年四月だった。和田合戦という大事件は、目前に迫っていた。

泉親衡ノ乱

大事件の前に、小事件が起った。建暦三年二月十五日、鎌倉甘縄《あまなわ》の千葉館を訪れてきた僧阿静房安念を、千葉介成胤《ちばのすけしげたね》が捕えて義時の許に突き出したのが、事件の発端だった。

直後、安念の白状で、事情が判明した。信濃国《しなののくに》の住人泉親衡《いずみちかひら》ら一三〇人もの武士が、前将軍頼家の遺児千手丸の将軍擁立を図っていたのである。安念は与党の一人青栗七郎の弟で、千葉介成胤を与党に引き入れようとしたのである。

陰謀が判明すると、幕府の与党追捕《ついぶ》の手は早かった。すぐに諸国に早馬が飛び、各地で与党の面々が捕えられて、鎌倉に送られた。信濃・上野両国の住人が多かったことから察すると、木曾義仲の残党が中心だったかも知れない。

いずれにしても泉親衡陰謀事件には、いくつもの不審がある。

張本の親衡は、義時館の隣りともいえる筋違橋《すじかいばし》近くに潜伏していたが、迫ってきた討手数人を斬り倒して逐電すると、さらに幕府が追及した気配がないのも、不審の一つである。将軍実朝《さねとも》を廃し執権義時を殺そうと図ったのだから、まさに重罪にあたるが、犯人《とがにん》たちはみな流人《るにん》になっただけで、斬られた者は一人もいない。一人、首魁《しゅかい》とも見えぬ渋河兼守が斬刑と宣告されたが、荏柄天神《えがらてんじん》に奉納した和歌が将軍実朝の目にとまると、すぐに赦されている。

和田胤長を処罰

与党として捕えられたうちに、和田義直《よしなお》・義重《よししげ》兄弟と和田胤長《たねなが》もあった。源平合戦以来の勇将和田義盛の子と甥《おい》である。将軍実朝の信頼厚かった和田義盛の一族が、実朝の廃立を図る陰謀の与党だったというのも、いまに残る不審である。

もしかしたら……まさに、もしかしたら、泉親衡の陰謀というのは、義時がデッチ上げたものだったかも知れない。

いずれにしても和田義盛は、このとき上総国伊北荘《かずさのくにいほく》（大多喜町《おおたき》）にいた。急を知るとすぐに鎌倉に戻り、ただちに将軍実朝に面謁し、積年の勲功を申し立てて、二子の赦免を乞うた。実朝と義盛との仲である。すぐに赦された。

翌日、義盛は一族九八人を率いて御所に参り、残る甥和田胤長の赦免を願い出た。しかし幕府の対応は、昨日とは一変していた。義盛は将軍に面謁を許されなかったばかりか、殿上に昇ることも許されず、御所の南庭に一族とともに列座させられたのである。

ちなみに相模武士団の代表である三浦氏と、伊豆武士団の棟梁《とうりょう》的存在となった北条氏との間に、暗々裡の対立があったことは、先述してある。三浦氏では義澄から義村、そして北条氏では時政から義時と、それぞれ代はかわっていたが、この暗黙の対立は続いていた。

この間、三浦一族の中からは、和田一族の自立化が進んでいた。和田義盛が侍所別当に任じられて、三浦義村を含む幕府御家人全体の管理権を握ったことが、原因だったかも知れない。いずれにしても三浦義村と和田義盛との間にも、若干の隙間が生じていたらしい。

これに目を付けたのが、義時である。和田胤長が泉親衡事件に連累していたことを知るや、これを機にして和田義盛の挑発を図ったのである。

だから義盛が胤長の赦免を願い出ても、許されるはずはなかった。幕府南庭に列座していた和田一族九九人の面前を、キリキリッとばかりに面縛された胤長が曳き出され、やがて陸奥国《むつのくに》岩瀬郡（鏡石《かがみいし》町鏡沼）に流されて行った。恥辱を受けた義盛が、義時憎しと決起を決したのは、このときだったという。

和田義盛への挑発続く

しかし義盛が決意を固めたことは、義時には判らなかった。だから義盛に対する挑発は、なおも続くことになる。

鎌倉武士の社会では、罪過あって没収された所領は、同族に返付されるのが慣習だった。だから義盛は、没収された胤長館（荏柄天神前）の返付を実朝に願い出た。すぐに許されて返付された館に、義盛は郎等《ろうとう》を住まわせた。

直後、実朝の許可は撤回され、旧胤長館は義時に与えられた。と、すぐに義時は旧胤長館に郎等を送り、義盛の郎等を叩き出したのである。

義盛挙兵

またまた恥辱を蒙った義盛は、やがて綿密な作戦計画を樹てた。その眼目は義時を倒すことであって、将軍実朝に対する謀叛ではないということだった。むしろ将軍の身柄を和田側で握っておけば、これに抵抗する北条軍こそが、謀叛人ということになる。日和見《ひよりみ》をする一般御家人も、和田側に味方するはずだ。

挙兵は、五月三日と決まった。その日の早暁、義盛の妻の実家、武蔵横山荘（八王子市）の横山党が、秘かに鎌倉に入って、義時館（宝戒寺）と大蔵御所との間に布陣する。義時を御所に逃げ込ませないためである。

一方、与党の三浦義村は、自館から真っすぐに東に向かい、北御門から御所に入って、将軍実朝の身柄を自軍側に擁することとする。このように、すべては綿密だった。

しかし、重要な一点が抜けていた。三浦義村が裏切って、すべてを義時に知らせていたのである。

だから『吾妻鏡』に、五月二日の夕方、和田勢が大蔵御所を攻めた、急を知っても義時はあわてず、たまたましていた囲碁の目を算え、折烏帽子を立烏帽子に替え、水干に着替えてから御所に赴いたとあるのは、みな嘘である。『吾妻鏡』は、これから約一〇〇年後、北条氏を擁護するために書かれたのである。

和田合戦

実際の和田合戦《わだかっせん》は、次のようだったと推測される。

翌日の三日になると、和田側には横山党が来援してくるから、前日の二日のうちに開戦と義時は決め、まず自分は大蔵御所に入り、嫡男泰時の軍に和田館を攻めさせ、わざと負けて退却させ、和田勢が御所に攻撃をかけるように仕向けたのである。

いずれにしても和田勢は、義時の作戦どおりに動いた。義時が将軍御所に入っていたのだから、将軍御所を攻めないわけにはいかなかったのである。しかしその一挙で、和田勢は将軍に対する反乱ときまった。

それにしても和田勢は、強かった。なかでも義盛の三男朝比奈義秀《よしひで》は、勇猛だった。たちまちに御所に攻め込むや、義時が御所内に隠れているものと思い込み、諸所に火を放って、いぶり出そうとしたのである。

しかし義時は、すでに将軍実朝を擁して、大江広元らとともに頼朝法華堂に難を逃れていた。和田勢は将軍の身柄を確保するのに、失敗したのである。これで、事は決した。形勢を観望していた一般御家人たちも、続々と北条方に馳せ加ってきた。

それでも和田勢は、必死に戦い続けた。しかし、しょせんは、無理な抵抗だった。しだいに和田勢は、前浜の際《きわ》に追い詰められていった。

合戦が始まったのが夕刻だったので、すぐに夜になった。矢戦さができなくなったので、内陸側の北条軍と海際の和田勢とが、若宮大路、小町大路、今小路の三道で、睨み合うかたちで夜が更《ふ》けた。

和田氏滅亡

そして、一夜が明けた。寅ノ刻（午前四時）ばかりに、当初の作戦案どおりに横山党が到着した。しかし今となっては、横山党にもなす術《すべ》はなかった。それでも和田勢は、横山党の来援を得て士気も回復して、またまた攻勢に出ようとした。

しかし大江広元・義時連署の軍勢催促状が、武蔵国などにも発せられており、これに応じて諸方から多くの御家人が馳せ着けてきていた。まさに多勢に無勢だった。やがて由比ガ浜に追い詰められた和田勢は、一人また一人と倒されていった。

のち無住一円が『雑談集《ぞうだんしゅう》』において、義時の「生涯、三度の難」の一つとした和田合戦は、こうして終った。そして北条氏が獲得した成果は、きわめて大きかった。

北条氏が獲得したもの

直接的には大族三浦氏の勢力を二分して、その一方を打倒したということである。また和田義盛の職だった侍所《さむらいどころ》別当に、義時が就任したということも、大きかった。幕府の三官衙のうち、義時は政所《まんどころ》・侍所の両別当職を兼併したのである。

案外に目立たなかったのは、相模山内荘《やまのうち》（北鎌倉）と武蔵六浦荘《むつら》（横浜市金沢区）とを、義時が手に入れたということである。ともに鎌倉に隣接していたので、「いざ鎌倉ッ」というさいには、いつでも自軍を鎌倉に投入できることになったのである。このことは同時に、同じような好条件を持つ三浦氏との対決を、必然のものともしていた。

いずれにしても和田合戦後の数年間は、比較的に平和だった。和田氏の残党が二代将軍頼家の遺児、栄実禅師を擁して、京都で陰謀を図ったこともあったが、すぐに鎮圧されている。

実朝暗殺

この時期、義時が気にしたのは、将軍実朝のことだったかも知れない。和田合戦後、実朝の表情が憂愁に満ちてきたのである。そして官位の昇進ばかりを、望むようになったのである。

そして挙句の果てが、大船を造営して、みずから渡宋しようと計画した。これは宋人陳《ちん》

図11　鶴岡八幡宮（神奈川県鎌倉市）

和卿《なけい》に欺されてのものだったが、実際に大船造営が進められたから、大きな問題だった。しかし竣工した大船は、ついに動くことはなかった。裏で義時が、なにかをしたのかも知れない。

そして承久《じょうきゅう》元年（一二一九）正月二十七日がきた。右大臣拝賀のため鶴岡八幡宮に詣でた将軍実朝が、頼家の遺児で同宮別当になっていた公《く》暁《ぎょう》に暗殺されたのである。直後、公暁自身も討たれたので、源氏将軍家は三代で断絶したことになる。

このとき義時は、御剣役として供奉《ぐぶ》していたが、直前に心神違例して、御剣役を源仲章《なかあき》に譲って退出したと、『吾妻鏡』に記されている。その仲章も、同時に斬られて死んでいる。

実朝の背後を歩いていた仲章が、義時だと誤解されて斬られたのだと信じた無住一円は、これを義時の「生涯、三度の難」に算えている。しかし後世では、公暁の陰謀を事前に知った義時が、わざと心神違例をよそおって、御剣役を辞したのだと解釈されたり、さらには義時は公暁を唆《そそのか》した事件の黒幕だとさえ、思われたりもした。

しかし、より信憑性のある『愚管抄《ぐかんしょう》』では、楼門をくぐろうとしたとき、実朝が義時に、

「中門ニトドマレ」

と命じたので、義時は寒空の下、一刻ほども中門に留まっていたのである。

のち義時の子孫たちが『吾妻鏡』を編纂したとき、先祖の義時の哀れな様子を書きたくなくて、心神違例などと曲筆したため、かえって義時黒幕説まで生んでしまったと、見ることができる。

その直後、若干の曲折があって、京都の公卿九条《くじょう》道家《みちいえ》の子三寅丸が、わずか二歳で鎌倉に送られて四代将軍となった。九条頼経《よりつね》である。藤原将軍、あるいは公卿将軍ともいう。

承久ノ乱

そして承久三年五月十五日、大事件が起った。後鳥羽上皇《ごとばじょうこう》が院宣を発して、全国に討幕を令したのである。承久ノ乱《じょうきゅうのらん》である。そして義時の「生涯、三度の難」の三度目だった。

ことを知ってから数日、幕閣は若干、動揺した。専守防衛か、上洛出撃かである。しか

し大江広元・三善善信らの意見が採決され、尼将軍政子が御家人らを集めて熱弁を振るった。三道からの出撃・上洛と決したのである。

東海道軍の指揮は、和田合戦で手腕が認められた嫡男泰時と弟時房、北陸道軍の指揮は次男朝時、そして東山道軍は武田・結城・小笠原・小山などの混成軍だった。

このとき、わずか一八騎で最初に鎌倉を出撃した泰時は、翌朝、ただ一騎で戻ってきて、義時に尋ねた。

「後鳥羽上皇が、おんみずから陣頭に立たせらるれば、我ら、いかがすべきや」

天皇家を敵として戦うことの不安を、口にしたのである。これに対して義時は、

「さばかりの時は、かぶとを脱ぎ、弓の弦を切りて、降伏すべし。上皇が都におわして軍兵ばかりを差し向けらるれば、千人が一人になるまでも、戦うべし」

と答えたと、『増鏡《ますかがみ》』に記されている。

とにかく承久ノ乱は、天皇家を敵とした戦いだった。しかし幕府軍は途中で迎撃に出た京方を随所に撃破し、上皇が討幕を令してから一ヵ月後の六月十五日には、京都になだれ込んだ。大勝利だった。

直後、北条泰時・時房が六波羅探題として、京都に駐在することになった。遠く鎌倉の義時からの指示に従って、二人は戦後処置を行なうことになったのである。

六波羅探題と戦後処理

後鳥羽上皇は、出家して隠岐《おき》に配流された。土御門《つちみかど》・順徳《じゅんとく》両上皇も、それぞれ土佐・佐渡に流された。仲恭《ちゅうきょう》天皇は廃帝とされ、後堀河《ごほりかわ》天皇が即位し、その父後高倉院《ごたかくらいん》が院政を布くことになった。

京方に加わった公卿・武士らの所領は幕府に没収され、恩賞として配分された。ちなみに、かつて五年間の源平合戦での平氏没官領は、約五〇〇ヵ所だった。そして三〇日間の承久ノ乱で没収された京方与党の所領は三〇〇〇ヵ所にも及ぶ。東国武将たちの間は、思わぬ恩賞ブームに湧いたのである。しかし義時自身は、寸毫《すんごう》の地も自領にはしなかったという。

北条氏所領の拡大

それでも義時の弟時房は、伊勢国《いせのくに》のうちだけでも、黒田御厨《みくりや》（河芸《かわげ》町黒田）・勾御厨（松阪市曲町）・丹生山（勢和町丹生）・南堀江（鈴鹿市南堀江）など、一六ヵ所も恩賞として拝領している。

だから泰時、朝時らが得た所領も、多かったと思われる。乱後に北条氏領になったと推定される地は、次のようである。

大和国波多荘（高取町市尾畑ノ庄）、河内国八尾則光名（八尾市内）、摂津国多田荘（川西市多田）、伊賀国予野荘（上野市予野）、伊勢国永恒（鈴鹿市内）、播磨国在田上・下荘（加西市和泉町）、淡路国志筑《しづき》荘（津名町志筑）、伊予国久米郡（松山市久米）、肥後国宇土荘（宇土市）等々。

ちなみに義時は、実朝暗殺事件の直後、小町館（宝戒寺）を泰時に譲って、自分は大蔵館（岐れ道）に移っている。これに相前後して、子息たちを鎌倉中の要所要所に配置したようである。

まず次男朝時は、かつて祖父時政の名越館に住んだ。三浦半島と杉本寺とを結ぶ三浦道のほぼ中央（釈迦堂口）に位置する要衝である。朝時とその系統が名越流《なごえりゅう》を称するのは、この名越館の故である。

鎌倉の西南稲村ヶ崎から鎌倉に入る道は、奈良時代以来の東海道である。ここに館を構えたのは、三男重時である。重時館がのちに極楽寺となるので、この系統を極楽寺流という。

そして鎌倉の西北で隣接する山内荘（北鎌倉・大船）には、義時・泰時直属の郎等が住んでいた。そして東北隣の六浦荘（横浜市金沢区）には、六男実泰が住んだ。のち金沢文庫が成立するので、この系統を金沢流という。

こうして和田合戦、承久ノ乱に勝って「生涯、三度の難」を乗り越えた義時は、息子たちを要所要所に配置して用心を怠らなかったが、彼の敵は意外なところにいたらしい。

執権政治の確立

義時の死

元仁《げんにん》元年（一二二四）六月十三日、北条氏の地位を鎌倉幕府に強固に据え付けた執権《しっけん》、従四位下前陸奥守《さきのむつのかみ》北条小四郎平義時《たいらのよしとき》は死んだ。ときに六十二歳。

寅ノ刻（午前四時）に落飾《らくしょく》して、法名を安養寺殿得宗禅門と号すると、辰《たつ》と巳《み》との間（午前九時）に息を引き取るまで南無阿弥陀仏と唱名し続け、最後には胸の上に両手で外縛印を結んでいたと、これまた『吾妻鏡《あずまかがみ》』は記したうえで、「誠にこれ順次の往生と云うべきか」としている。

あまりにも端然とした死に、疑問を感ぜずにはいられない。

死因は、「日頃の脚気の上、霍乱《かくらん》、計会す」とある。平安・鎌倉時代に多かった脚気は、白米の食べすぎではなく、粗食が原因の蛋白質と脂肪の欠乏であった。そして霍乱も日射病ではなく、猛烈な腹痛、下痢、嘔吐などを催す急性胃腸炎のことである。

とすれば『吾妻鏡』に描き出されたような端然とした「順次の往生」などではあり得ず、七転八倒の苦しみのうえでの死だったはずである。にもかかわらず『吾妻鏡』が、「順次の往生」としたのは、なにかを隠すためだったとしか考えられない。

室町時代に書かれた『保暦間記《ほうりやくかんき》』には、

思ノ外ニ近習ニ召仕ケル小侍ニツキ害《ころ》サレケリ

とあり、江戸時代の『続本朝通鑑《ぞくほんちょうつがん》』には、その近習の名は「深見三郎」で、父の仇《かたき》をとったのだとされているが、もちろん信じられない。

義時毒殺説

ところで藤原定家《さだいえ》の『明月記《めいげつき》』は、しばしば政界の裏面を見せてくれるが、義時が死んで三年後の安貞《あんてい》元年（一二二七）六月十一日条に、意外なことが記されている。

承久ノ乱に京方首領の一人だった二位法印尊長は、敗戦後も幕府の追捕の目をくぐって逃げまわっていた。そして嘉禄元年（一二二五）ごろから京都に舞い戻り、二条大宮のあたりに潜伏していた。

しかし路上で出逢った知人に六波羅に密告され、潜伏先に踏み込まれたが必死に抵抗した上、いまはこれまでと自害を図ったが死にきれずに生け捕られ、六波羅府に連行されて尋問された。

すると尊長は苦痛のあまりに、

「只《ただ》、早、頭をきれ。若《も》ししからずんば、又、義時が妻が、義時に呉れ遺したる薬、取り寄せて、くわせて早殺せ」

と叫んだ。

義時の最後の妻伊賀ノ方が生んだ女性は、尊長の兄一条実雅と結婚している。となれば伊賀ノ方が義時を毒殺したということを、尊長が聞き知っていたとしても、不思議ではない。

六波羅府でさらに尋問された尊長は、

「なんでう只今し(死)なんずる我等、などか人に語らわれて、虚言はいわむ」

と念を押していたところにも、真実味が感じられる。果然、義時は、妻伊賀ノ方に毒殺されたのであろうか。

泰時京より戻る

六月十三日に義時が死ぬと、すぐに京都に早馬が立った。そして三日後の同十六日、早馬は京着して、六波羅探題だった嫡男《ちゃくなん》泰時、弟時《とき》房《ふさ》に、事の由を知らせた。

翌十七日の丑《うし》ノ刻（午前二時）に泰時は京都を出立したが、鎌倉由比ガ浜に着いたのは、九日目の同二十六日の未《ひつじ》ノ刻（午後二時）だった。途中、伊豆北条に立ち寄って、若干の兵を伴っていたのである。

由比ガ浜から鎌倉の泰時館までは、徒歩でも三〇分ほどの距離である。それでも泰時は、その夜は由比ガ浜で一泊している。

直後、十九日に京都を立った時房も、由比ガ浜に到着した。また下野足利荘《しもつけあしかが》（足利市）から泰時に呼ばれた女婿《じょせい》の足利義氏《よしうじ》も、由比ガ浜に着いた。ともに若干の兵を率いていた。そして翌二十七日、時房・足利義氏とともに鎌倉に入った泰時は、ようやく自館に入った。若宮大路東側北端の泰時館の郭内《かくない》には、すでに腹心の関実忠、尾藤景綱の宅があったが、さらに平盛綱、安東光成、万年右馬允、南条時員などの郎等《ろうとう》も、召し出されていた。

翌二十八日、尼将軍政子が泰時に、〝早く家督を嗣ぎて、執権たるべし〟と命じたが、泰時は時期尚早として、大江広元に相談をかけている。泰時は自分が家督と執権職とを嗣立するのに、かなりのためらいがあったのである。

伊賀氏ノ変

いずれにしても泰時は、義時後妻伊賀ノ方の陰謀を察知していたのである。彼女は実家の兄弟伊賀光宗・朝行・光重らと図り、所生の子政村を北条氏の家督と執権に立て、さらに女婿の一条実雅を将軍に擁立しようとしていたらしい。その伊賀ノ方がもっとも恃《たの》みとしていたのは、政村の烏帽子親《えぼしおや》の三浦義村の兵だった。

それからの約一ヵ月間、鎌倉中は無気味に静まりかえっていた。伊賀氏三兄弟や政村が西御門の三浦館を訪れたり、岐れ道の故義時館で伊賀ノ方を中心に兄弟が密談したりしており、伊賀光宗《みつむね》館の周辺を武装した兵が徘徊《はいかい》するなどのこともあり、雰囲気はピリピリと緊張していた。

政子の介入

このとき、尼将軍北条政子が登場した。深夜、女官一人だけを伴って三浦館を訪れ、義村を説得して三浦党を陰謀の与党から抜け出させたのである。まさに鮮やかだった。もっとも恃みにしていた三浦党に逃げられては、伊賀ノ方たちも手の出しようがない。

そして閏《うるう》七月一日、政子は追い打ちの一手を放った。三浦義村、小山朝政、結城朝光など宿老《しゅくろう》諸将を泰時館に呼び集め、その眼前に幼い将軍頼経を抱いて現われると、泰時を執擁として認めることを諸将に誓わせたのである。

これで、事は決した。それから月余の間、伊賀ノ方の悪足掻《わるあが》きが続いたが、しょせん勝敗は決していた。

伊賀氏らの失脚

やがて将軍に擬せられていた一条実雅は、京都に追却され、次いで越前に配流され、四年後に配所で死んだ。

伊賀ノ方の実兄伊賀光宗は、政所執事を解任されて所領五二ヵ所を没収され、信濃に配流された。しかし翌年には赦されて鎌倉に帰参し、所領八ヵ所も返付された。九州に流された伊賀朝行・光重も、翌年には赦されて鎌倉に帰参している。

陰謀の張本と目された伊賀ノ方は、伊豆北条に籠居することになったが、わずか四ヵ月後の十二月二十四日には、重病との知らせが鎌倉に入っている。義時の死の責任を、とらされたのかも知れない。

政村の処遇

問題は、政村の処置だった。泰時にかわって家督と執権とに擬せられたのだから、処置は厳しいものになるのが道理である。ところが案に相違して、なんの咎《とが》めも政村は受けなかったのである。

三浦義村が政村をかばって、「政村殿、まったく逆心なきか」と弁護したうえに、「政村殿の御元服のとき、我れをもって加冠役に用いられおわんぬ。その芳恩を思えば、貴殿(泰時)と政村殿の両所につき、いかでか好悪を存ぜんや。ただ願うは、世の安平なり」

と、間接的に泰時を威圧するかのような言辞を弄《ろう》したことも、理由の一つだったかも知れない。

いずれにしても、伊賀ノ方事件は終った。その事件の結果、いくつかのことが明らかとなった。そのうちの一点は、頼朝後室の尼将軍北条政子が、大きな権威となっていたということである。そしてもっと重大なのは、泰時の地位が、決して強固なものではなかったということである。

時政、義時と続いてきたので、執権職は北条氏の家督が就任するものと、世人も認めるようにはなっていた。しかし北条氏の家督が嫡男泰時だとまでは、受け取られてはいなかったのである。政子に執権就任を命ぜられたとき、泰時自身にもためらいがあったことは、先述したとおりである。

義時遺領の配分

事件の処理も済んでから、泰時は弟妹たちを集めて、泰時の遺領の配分を行なった。多くが弟妹たちに与えられたので、弟妹たちは喜んだ。しかし惣領《そうりょう》の泰時の分が少なかったので、これを不審に思った政子が、

「嫡子分、すこぶる不足、いかようの事ぞ」

と尋ねたのに対し、泰時は、

「執権を奉わるの身、領所などのことにおいては、いかでか競望あらんや。ただ舎弟らをかえりみるのみ」

と、優等生的な返事をしたので、政子は感涙にむせんだという。

どうやら泰時には、このような優等生的なことを言う癖があったようだ。和田合戦後に

行賞されたときも、

「義盛は父義時を討たんとす。されば我れ、父の敵を討たんがため戦いたるなれば、あながちに賞を受けるべきにあらず」

と、一度は固辞している。

しかし義時の遺領配分にさいして、弟妹たちに多くしたというのは、泰時好みのキレイ事ではなかっただろう。弟妹たちにゴマをすらねばならなかったほど、泰時の立場が弱かったということである。

北条氏の分流　この時期の北条一族の男子だけを系図で数えてみると、すでに時政―義時―泰時と代を重ねてきて、三〇人を超す大家族になっている。それぞれの館や所領の地名を冠して、全体として分流の傾向が顕著である。

泰時の弟たちからは、名越《なごえ》、極楽寺、亀谷《かめがやつ》、伊具が現われ、その子の代には江間、金沢《かねざわ》が生ずる。叔父時房の系統からは、佐介、大仏《おさらぎ》が分流する。これらからさらに阿蘇、赤橋、淡河、尾張、常葉《ときわ》、塩田、桜田、普恩寺、瓜連、東漸寺などが分流していくのも、さほど遠いことではない。

このように一族分流の傾向が濃くなっていたとき、これを全体としてまとめ上げて北条一族として結束させ、三浦、安達、足利などの大豪族たちと力を拮抗させていくのが、北条氏三代目惣領としての泰時の責務だった。

遺領配分で弟妹たちに多く与えたのも、政村に厳しい処置をしなかったのも、泰時の立場が弱かったからだし、また泰時がその立場を強化しようとした現われでもあった。

家令職設置と家法制定

このような線に沿って泰時が行なったのが、家令職の創設であった。伊賀ノ方事件がほぼ終った元仁元年閏七月二十九日、被官の尾藤左近将監景綱《びとうさこんしょうげんかげつな》を初代の家令に任じたのである。ちなみに北鎌倉の尾藤ヶ谷は、彼の館があった地であろう。

北条氏の家令職は、その後、二代目の平左衛門尉盛綱のあと、複数制になって執事《しつじ》と呼ばれるようになると、その筆頭が内管領《ないかんれい》ということになる。鎌倉末期に権力を振るった長崎円喜が、これである。

家令職創設に続いて泰時が行なったのは、北条氏の家法の制定だった。翌月の同年八月二十八日、泰時がその式を定めたという「家務ノ条々」が、それである。貞永式目《じょうえいしきもく》よりも先だったから、これこそ〝日本最初の武家法〟になるはずだったが、惜しくも現存してはいない。以降、随時に付け加えられていって、やがて御内法令と呼ばれることになる。

こうして泰時は、家令の創設と家法の制定とによって、北条一門に対する惣領としての権力の強化を図ったのであるが、同じころから北条氏の惣領家に宗教的あるいは精神的な権威性を付与する策に、着手していたらしい。

惣領の権力強化を図る

北条氏の惣領を亡父義時の法名である「得宗《とくそう》」と呼び、その系統を「得宗家」、その所領を「得宗領」と呼んで、北条一門庶子家と区別することによって、一定の権威性の確立を図ったのである。

なお鎌倉北条氏ということになれば、初代は時政になるわけだが、泰時が時政を初代と仰がなかったのは、牧ノ方事件などで時政の名には汚点があると思ったのであろう。

これに反して義時の名には、輝かしい承久ノ乱の勝利者というイメージがあり、北条一門はもちろん、一般御家人にいたるまで、鑽仰《さんぎょう》の対象にするのに、ふさわしかったからであろう。鎌倉末期の『平　政連諫草《たいらのまさつらかんそう》』では、はっきりと北条氏の先祖を義時とし、時政とはしていない。

いずれにしても泰時の着想は奇抜のようだが、先例あるいは傍例があった。天皇家では「治天ノ君」が権力者であり、「八条院領」や「長講堂領」などの特殊な所領があった。また藤原摂関家では「氏《うじ》ノ長者」が権力を握り、「殿下渡領」を擁していたのである。

泰時の始めたこの方式は、もちろん、すぐには定着はしなかった。しかし孫の時頼のころから、「得宗領」「得宗御領」「御内所領」などの語が、文書などに頻見されるようになる。

そしてついには、一般御家人を外様《とざま》、得宗家の家臣（得宗被官）を御内《みうち》と呼ぶまでになる。鎌倉末期編纂の『沙汰未練書《さたみれんしょ》』には、次のように記されている。

一、外様　将軍家奉公の地頭御家人などのことなり。

一、御内方トハ、相模《（得宗）》守殿の御内奉公の人のことなり。

そしてついには『梅松論《ばいしょうろん》』に、北条氏の「家督を徳崇《（得宗）》と号す」と、見えるまでになるのである。

家督を嗣立《しりつ》した直後、一門庶家に強い態度をとれなかった泰時は、当然のことながら執権就任の直後には、幕府御家人に対しても強い態度はとれなかった。

政子の死

その泰時の立場がさらに弱まったのは、執権就任の翌年の嘉禄《かろく》元年（一二二五）だった。六月十日に大江広元が死に、七月十一日には北条政子が死んだのである。背後から支えていてくれた人物二人を、泰時は失ったのである。

ちなみに北条政子は、ときに六十九歳。法名は安養院如実とも、妙観上人ともいう。翌十二日、勝長寿院の御堂御所で、火葬にされている。

頼朝の妻として幕府御家人から奉《たてまつ》られ、源氏将軍家と北条氏とを密接に結び付け、ひいては北条氏の幕閣における地位をもたらしただけではなく、幕府の重事にさいしては、しばしば尼将軍として簾中《れんちゅう》に聴政した権威ある存在だった。その政子が、いま死んだのである。

連署の設置

心細いまでになった泰時が、叔父時房に援助を求めたかの感があるのが、執権複数制である。六波羅探題南方《みなみかた》だった時房を鎌倉に呼んで、七月二十三日、連署《れんしょ》にしたのである。

ちなみに執権複数制（執権連署制）は、義時の死の直後の元仁元年（一二二四）六月二十八日、政子の発案で成立したとされていたが、政子の死後のことだと明快に論証されたのは、上横手雅敬氏である。

将軍御所の移転

同じころ、将軍御所の移転ということが、幕閣で問題にされだしていた。

大蔵御所は三度火災に遭い、三度再建されたものだが、とにかく手狭になってきている。また上総介広常、一条忠頼、安田義資、同義定など、ここで殺された者も案外に多い。そして頼朝のころからの宿将《しゅくしょう》は多く死んで、いまは二代目か三代目に代替りしている。さらに鎌倉自体が武家の都として、大きく発展している。

そんなこんなの事情やら目的などが絡んで、ここらで心機一転を図るということになったものらしい。そして手始めとして、嘉禄元年十月四日、若宮大路と宇津宮辻子《うつのみやずし》などに、丈尺が打たれた。

これまでの鎌倉では、農村的な町段歩制が行なわれていた。これが都市的な丈尺制にかえられたのである。当然、間口五丈（一五メートル）の奥行き一〇丈が一戸主《へぬし》（四五〇平方メートル）という宅地制も、採用されたものと思われ、さらに鎌倉をいくつかの「〜保」という区画に分け、幕府侍所の管轄のもと、住民代表が保司《ほうじ》となる半自治制も、布かれたらしい。

鎌倉は奈良や京都に負けない大都会に、すでになっていたのである。そして鎌倉の都市化の作業が一段落すると、いよいよ将軍御所の移転の準備が着手された。

十月二十八日、四代将軍九条頼経は、大蔵御所を出て、勝長寿院入口の伊賀朝行館に入った。十一月七日、用材の木作りが始まった。

そして二十日、いま仮の御所になっている伊賀朝行館の西北角から西へ二五六丈五尺、さらに南へ六〇丈行った地点が、新御所の西北角と決められた。ちなみに一丈は一〇尺、一尺は約三〇センチである。

そして嘉禄元年十二月二十日、新築なった新御所に、将軍頼経が引き移った。儀式は略儀ではあったが、陰陽道などなすべきことは、すべてなされた。

新御所も南門が正門で、宇津宮辻子（雪ノ下カトリック教会南の東西路）に面していたので、宇津宮辻子幕府あるいは宇津宮御所という。

北門は呪師《じゅし》勾当《こうとう》辻子（清川病院北の東西路）に面しており、西は若宮大路よりやや退いていたらしい。東はいまの妙隆寺山門あたりに比定される。

なお鎌倉では、若宮大路を正南北と見る。その若宮大路は二七度ブレているから、前述の方位も、二七度ずつブラさねばならない。

評定衆の設置

その翌日、つまり嘉禄元年十二月二十一日、新御所で重大な会議が開かれた。泰時が幕閣の重臣一一人を評定衆に指名して、史上はじめての評定衆会議を開いたのである。一一人の名は、次のようである。

中原師員《もろかず》　三浦義村《よしむら》　二階堂行村《ゆきむら》　中条家長《いえなが》　三善《みよし》康俊《やすとし》　二階堂行盛《ゆきもり》　三善倫重《ともしげ》　後藤基綱《もとつな》　三善康連《やすつら》　佐藤業時《なりとき》　斎藤長定《ながさだ》

さきに叔父時房を連署にして両執権制という双頭政治を開いた泰時が、重要幕政に合議制を取り入れると同時に、重臣たちの協力が得られるような体制にしたのである。

鎌倉市街地の拡大

それからの数年間、鎌倉は平穏だった。閭巷《りょこう》の四隅に石塔が建てられたのも、このころだったかも知れない。

かつて頼朝は、鎌倉を閭巷（市街地）と村里（郊外）とに分けた。そして今、泰時はその境界の四ッ辻に灯籠《とうろう》のような石塔を建て、夜には灯を点じさせたのである。やがて「塔ノ辻」と呼ばれることになる場所は、次のようだったと推定される。

東北隅は、横大路に小町大路と西御門小路とが交差する筋替橋の橋詰。

東南隅は、小町大路と車大路とが交差する本八幡か、荒居の閻魔堂の前。

西南隅は、長谷大路と武蔵大路とが交差する六地蔵の前。

西北隅は、武蔵大路に横大路（窟《いわや》堂道《どう》）が交差する寿福寺門前。

その後、閭巷は西方に発展していったので、「塔ノ辻」も西に移動し、小袋坂道に沿って、建長寺門前、浄智寺門前、円覚寺白鷺池際も、「塔ノ辻」ということになる。この時点で、七「塔ノ辻」という語も、成立したかも知れない。

が、西南方、佐助道が長谷大路と交差する笹目バス停付近も、「塔ノ辻」になっていく。

貞永式目の制定

そして貞永《じようえい》元年（一二三二）八月、泰時の政治に、魂が入った。『関《かん》東御《とうご》成敗式目《せいばいしきもく》五十一ヵ条』、俗に貞永式目《じようえいしきもく》と呼ばれる法律が制定施行されたのである。頼朝以来の先例と鎌倉武士社会での道理とが、その骨幹となっていた。

こうして泰時の政治は、執権政治として結実した。さきに導入した評定衆制という合議制と、いま制定した貞永式目による法治主義とを二本の柱とした政治で、平《ひら》たく言えば〝法律に従って話し合いで〟という政治である。

そしてわれわれは、泰時が北条一門に対してとった措置と鎌倉幕閣での態度とが、きわめて似ていることに気づく。

一門に対して泰時は、故義時の法名得宗を持ち出し、幕閣では「右大将家《（頼朝）》ノ先例」を振りかざしている。一門に対しては家令職の創設と家法の制定、幕閣では評定衆と貞永式目である。

ここにわれわれは、泰時の立場が、一門に対しても幕閣においても、決して強固なものではなかったことに気がつくのである。執権泰時の立場が弱かったからこそ、執権政治は確立したのである。

この時期の執権泰時の立場を、よく示すエピソードがある。

承久ノ乱から一四年後の嘉禎《かてい》元年（一二三五）、隠岐島に配流《はいる》されている後鳥《ごと》羽上皇《ばじょうこう》の赦免帰京を京都から求められたとき、泰時は、「家人等一同、然るべからずとの由を申す」から、だめだと回答したのである。自分の一存で決定したのではなく、御家人たち一同の意見に従って行動したことになる。これが、執権政治下での執権だった。

その執権の職に、泰時は一八年間も在職していた。その時期には、合戦も陰謀も姿を潜めていて、世情は平和だった。

泰時の子供たち

しかし泰時は、家庭の運には恵まれなかった。建仁《けんにん》二年（一二〇二）八月二十三日、頼朝生前の下知に従って、三浦義村の娘と結婚し、翌年には長男時氏《ときうじ》が生まれた。ときに泰時は二十一歳。続いて生まれた娘は、のちに足利義《よし》氏《うじ》室になる。

しかし結婚後一〇年以内で、離縁している。のち彼女は佐《さ》原《はら》流《りゅう》三浦盛連《もりつら》に再嫁して、盛時らを生んだが、夫盛連にも先立たれ、矢部郷（横須賀市大矢部町）に住んで、矢部尼禅阿と名乗った。

建暦《けんりゃく》二年（一二一二）、泰時の後妻安保実員《さねかず》の娘が、次男時実を生んでいる。その安保ノ方が生んだ娘は、のち矢部尼の兄三浦泰村に嫁している。また連署時房の子大仏流北条朝直室も、泰時の娘だった。

嘉禄三年（一二二七）六月十八日の卯《う》ノ刻（午前六時）、激しい雨の中で、事件が起った。若者たちが斬り合って、泰時の次男時実が斬られて死んだのである。下手人は得宗被官の高橋次郎で、ただちに腰越で斬首された。

続いて寛喜《かんぎ》元年（一二二九）正月二十七日、三浦泰村に嫁していた娘が、九日間も苦しんだ末に死産し、翌年八月四日、二十四歳で死んだ。

その間、さらに大事が起っていた。六波羅探題北方《きたかた》として在京していた嫡男時氏《ときうじ》は、病気ということで、寛喜二年四月十一日に鎌倉に帰ってきたが、六月十八日、ついに二十八歳で死んだのである。

嫡子時氏の早世

すでに安達景盛の娘を妻にしていた時氏には、経時、時頼、時定（のち為時）のほか、四人の娘も生まれていた。夫時氏に病死された安達ノ方は、鎌倉甘縄の実家に戻って松下禅尼《まつしたのぜんに》と名乗った。

松下禅尼の挿話

松下禅尼は、史上に残る賢婦人だった。それを示すエピソードが、『徒然草《つれづれぐさ》』に伝えられている。

次男の時頼が執権だったとき、甘縄の安達館を訪れることになり、安達館では障子の貼り替えまでが行なわれた。このとき禅尼は、下女たちにはさせず、自分自身で紙の継ぎはぎをしたが、破れている箇所だけの切り貼りをしたので、あちこちに斑《まだら》がてきてしまった。

これを見た禅尼の兄安達義景が、

「皆を貼りかえ候わんは、はるかにたやすく候べし。まだらに候も見ぐるしくや」

と云ったのに対し、禅尼は、

「今日ばかりは、わざとかくてあるべきなり。物は破れたる所ばかりを、修理して用いる事ぞと、若き人に見ならわせて、心つけんためなり」

と、答えたという。

質実剛健、質素倹約を旨とする鎌倉武士の社会の一端と、松下禅尼の賢婦人ぶりとが、よく示されている挿話である。

嫡孫経時

この松下禅尼に育てられたのだから、泰時の孫経時、時頼、為時（時定）の三兄弟も、立派に育っていた。しかし祖父泰時の目には、嫡孫《ちゃくそん》経時《つねとき》は心許なく感じられていたらしい。

その経時は、駿河藍沢で熊を射とめたり、山内荘内の山林で兎狩りをするなど、かなりのスポーツマンだった。天福《てんぷく》二年（一二三四）八月、十一歳で小侍所別当、仁治《にんじ》二年（一二四二）六月、二十七歳で評定衆というのは、泰時の跡を嗣ぐ者として、期待されていたからだろう。

経時が評定衆になった直後、泰時館での酒宴にさいして、経時と弟実泰の子金沢実時とを前にして、泰時は経時に命じた。

「好文を事として、武家の政道を扶《たす》くべし。かつは陸奥掃部助（実時）に、相談《あいだん》ぜらるべし。およそ両人、あいたがいに水魚の思いを成さるべし」

鎌倉武士の教学の最高峰を伝えるのが金沢文庫であり、これを創立したのが金沢流北条実時である。その実時と比べられては、十六歳のときに将軍に和歌を献上したことのある経時も、どうしても遜色があったのはやむを得ないだろう。

次弟時頼

この経時に比して次弟時頼は、泰時のお気に入りだったらしい。仁治二年十一月二十九日、若宮大路の下下馬《しものげば》橋付近の好色家（遊女などをおく家）で酒を呑んでいた三浦一族と小山一族とが、些細《ささい》なことで喧嘩となった。これを知った経時は、母の実家三浦党に味方しようとした。しかし時頼は、これを私闘だからとして、放置しておいた。

翌日、泰時は二人を呼んで、

「おのおのは、将来の御後見（執権）の器なり。諸御家人に対して、いかでか好悪《こうお》を存ぜんや。親衛（経時）の所為、はなはだ軽骨なり。しばらく前に来たるべからず。武衛（時頼）の斟《しん》酌《しゃく》すこぶる大儀に似たり。おって優賞あるべし」

と言って、経時の軽挙を叱る一方、時頼の慎重な態度を褒めている。

しかしわれわれは、この挿話が『吾妻鏡《あずまかがみ》』に記されていることに、注意しなければならない。『吾妻鏡』は、時頼の系統の時代に書かれたのである。時頼を正当化するために、作られた挿話だったのかも知れない。

泰時の仁政

泰時が政治家として多く仁政を行なったということが、よく知られている。寛喜《かんぎ》二年・三年と続いた大飢饉のさいには、御家人たちに奢侈《しゃし》を禁じ、自分が守護を兼任していた伊豆・駿河両国では、出挙米《すいこまい》の放出賑給《しんきゅう》を行ない、非常の沙汰として人身売買も認めている。

貞永元年七月、勧進阿闍梨往阿弥が鎌倉東南岸に和賀江島の築港の許可を申請したとき、すぐに泰時が許可したうえに、大いにその事業を後援したのは、物資流通の便を考えたからかも知れない。

武蔵野の荒野開発を令し、自分も自領太田荘（春日部市など）などで新田開発を行なったのも、自分の収益のためばかりではなかっただろう。

鎌倉東北隅の朝夷那口《あさひなぐち》を拡幅して弟実泰の武蔵六浦荘と結び、西北隅の小袋坂口を整備して山内荘との連絡に便あるようにしたのも、鎌倉への物資流入を円滑にするためと見るムキもあるが、これは違う。〝いざ鎌倉ッ〟というときに備えて、味方軍兵の鎌倉投入の便を図ったのである。

だから密々のうちに、鎌倉の東南隅には名越口と大切岸とを築いて、三浦半島からの兵力の鎌倉殺到を阻止できるようにもしている。

なお京都・鎌倉の辻々に五間と三間の篝屋《かがりや》を建て、夜には御家人たちを当番制で詰めさせたのは、治安維持のためだった。

なお泰時の政治で特徴的だったのは、京都朝廷に対する不干渉であった。承久ノ乱の勝利者だったのだから、武力を背景にして圧力をかけて幕権伸張を図ることもできたはずだが、泰時はそれをしなかったのである。

参議広橋経光《つねみつ》は『民経記《みんけいき》』で泰時を中国の聖帝堯舜《ぎようしゆん》になぞらえ、のち生涯を反武士で押し通した北畠親房《きたばたけちかふさ》も、『神皇正統記《じんのうしようとうき》』で泰時をベタ褒めに褒めているのも、この故である。

だから、いわゆる〝泰時の仁政〟なるものも、誰にとっての仁政だったのか、厳しく弁別しなければならない。

弟朝時との挿話

ところで寛喜三年九月二十七日、弟名越朝時《なごえともとき》の館に賊が押し入った。このとき泰時は評定衆《ひようじようしゆう》の会に出席していたが、急を知るや、ただちに馬を奔《はし》らせて、朝時館に馳せ向かったが、着いたときには、すでに事は済んでいた。

しかし得宗被官平盛綱は、泰時を諫《いさ》めた。

「重職を帯びたる御身なり。御自ら馳せ向かわるより、まず我等ごときを差遣せらるべきか」

これに対して、泰時は次のように答えた。

「いま朝時、敵に囲まるると聞く。他人は、これを小事とせんか。されど兄の気持ちは、和田合戦・承久ノ乱と同じなり」

のちに泰時の言った言葉を聞いた朝時は、

「子孫にいたるまで、武州(泰時)の系統に対し無二の忠を抽んで、あえて凶害を挿《さしはさ》むべからず」

と、誓文《せいもん》を書いたという。

この挿話は、しばしば泰時の弟思いを示すと、解されている。違うだろう。この時期の泰時は、まだ一門の掌握に努めていたのである。そのような政治家の泰時と、泰時の言葉に単純に感激した弟朝時との対比に、むしろ興味が湧く。

朝時は誓文に、「子孫にいたるまで」と書いた。それが遵守《じゅんしゅ》されたか否かは、のちのことである。いずれにしても一門のうちでもっとも反抗的だった朝時が、このような誓文を書いたということになれば、泰時はまず一つの山を越えたということかも知れない。

それかあらぬか仁治元年正月二十四日、連署の北条時房が死ぬと、以降、泰時は連署を置かなかった。泰時の自信のほどが、よく窺われる。

泰時の死

しかし同三年六月十五日、泰時自身も死んだ。法名観阿、ときに六十歳だった。かつての頼朝の死を書かなかった『吾妻鏡』は、このときも泰時の死は書かなかった。

京都の参議民部卿の平経高《たいらのつねたか》の『平戸記《へいこき》』によると、五日ほど前から発作を起しており、死の当日には、「前後を覚えず。温気、火の如し。人もって傍に寄り付かず。亥《い》ノ刻（午後十時）辛苦悩乱して、そのまま絶えおわんぬ」とある。

直後、後鳥羽上皇の怨霊云々ということが、公卿たちの間で囁かれた。そして鎌倉でも、不思議なことがあった。死に臨んで出家した泰時に殉じて、御家人たち五〇人ほども出家した。しかし名越朝時だけは出家しようともしなかったのが、やはり遅れて朝時も出家したのである。京都の公卿たちは、泰時・朝時が「日頃、疎遠なるに」、不思議なことだと噂し合った。

事情は判然とはしない。しかし泰時の死の前後、名越流北条氏をめぐって、なにごとかがあったのである。

泰時の墓は粟船御堂、いまの常楽寺《じょうらくじ》にある。

幕政改革の開始

半世紀ほど昔に戻るが、頼朝が挙兵して源平合戦が始まるのは治承《じしょう》四年（一一八〇）のこと。その一年前のこととして、『百練抄《ひゃくれんしょう》』に「近日、天下の上下、みな病悩す。これを銭《ぜに》ノ病いと号す」とある。

貨幣経済の展開

この時期の公卿にとって、「天下」とは京都とその周辺のことである。そして「銭《ぜに》」とは、平清盛《たいらのきよもり》が中国南宋から大量に輸入した宋銭のことである。また「銭ノ病い」を銭に付着していた細菌による流行病と解するムキもあるが、強烈な銭貨欲求を皮肉った表現であろう。

つまり京都や畿内《きない》で、身分の高きも低きも、みな宋銭を欲しがるようになったというのであり、畿内近国で貨幣経済が始まったということである。

もちろん東国では、まだ物々交換だった。だから源平合戦は、貨幣経済を主張する平家＝畿内と、これに反対する源氏＝東国との合戦だったという一面を持っている。貨幣経済反対の源氏が勝ったのだから、源氏将軍三代のころは、まだ貨幣は東国には普及はしなかった。しかし貨幣は、とにかく便利である。こうして貨幣経済という荒波は、しだいに東国に迫ってきた。これが鎌倉を通過したのは、執権泰時《しっけんやすとき》の時期だったらしい。

一方、平安末期から、さまざまなかたちで、農業技術の進歩が見られた。役畜の飼養、施肥、品種の改良、結《ゆい》のような集団化などのほかに、なにより重要だったのは、鉄製農具の普及だった。武蔵野の荒野開発などは、それなしでは考えられない。必然的に生産力は増大した。

社会経済の変容　このような動きは、宋銭の普及とあいまって、世上を大きく変化させた。年貢の銭納化、荘園市場の成立から、借上《かしあげ》、土倉《どそう》などの金融業者の発生、座商人《ざしようにん》の活躍、問《とい》、問丸《といまる》、馬借《ばしやく》・車借《しやしやく》などの運送業の成立、替米《かえまい》・替銭《かえぜに》、替為《かわせ》から替文、割符《さいふ》などの発達などである。

武士社会の動揺　このような情況の変化は、鎌倉武士のありかたにも大きな変化を与えつつあった。早く東国武士が平家の旧領に移住する西遷武士や、奥州藤原氏の旧領に赴く北遷武士もあったが、分割相続を重ねて貧窮化する田分けを避けるため、単独相続に切り替えることも始まり、必然的に惣領・庶子間の訴訟も頻発し始めた。なによりも京都大番役、鎌倉番役などを勤仕するため、貨幣の必要に迫られた御家人のうちには、所領を質草にして失う無足化が目立つ。このほかの社会不安の増大とあいまって、山賊、海賊などから、やがて悪党も動き出す。

泰時一八年間の施政の末期は、過差《かさ》禁令、手工業規制、銭貨禁令、惣領と庶子同格令、そして悪党禁令などが頻発され始めた時期と一致する。世の中は、大きく変りつつあったのである。これを〝鎌倉中・末期の社会変動〟と呼ぶムキもある。

経時執権となる

この社会変動に幕府が直面せざるを得なくなってきたとき、執権の座についたのが北条経時《つねとき》だった。

仁治《にんじ》三年（一二四二）六月十五日、泰時の死後を嗣《つ》いで幕府執権に就任したとき、経時は十九歳だった。すでに左近大夫将監《さこんのたいふしょうげん》だったが、翌年には大仏朝直を武蔵守から遠江守に移し、みずから武蔵守になっている。

評定衆を三番に分ける

そして執権就任から八ヵ月後の寛元元年（一二四三）二月二十六日、一三人の評定衆《ひょうじょうしゅう》を三番（班）に分け、番ごとの出勤日を定めている。

これまで一〇人以上の評定衆全員が一堂に会して評議していたのを、三番に分けたのであるから、その能率のよさは、単純計算でも三倍になる道理である。評定の日も前もって判っているわけだから、欠席や流会なども減少し、ますます訴訟は迅速化するはずである。

一番　三・九・十三・十七・二十三の各日
　中原師員　三浦泰村　宇都宮泰綱　三善倫重　大田康連
二番　四・八・十八・二十四・二十八の各日
　後藤基綱　藤原為佐　二番堂行義　清原満定
三番　六・十四・十九・二十六・二十九の各日
　二階堂行盛　大江泰秀　安達義景　三善康時

訴訟制度の改革　佐藤進一氏が訴論沙汰日結番制と呼ばれたのが、これであろう。しかし実行されてから三ヵ月ほどたつと、これにも問題があることが判った。訴訟自体は迅速になったのだが、裁許状を清書する係官の机の上に、その原文がたまってしまったのである。

そこで経時は、同五月三日、奉行人に令して、事書《ことがき》と原文とを引き合わせて内評定したうえで、清書させることにしたのである。

訴論沙汰日結番制と裁許状作成事務の合理化とによって、泰時の晩年以来懸案となっていた訴訟関係の渋滞を、経時は一挙に解決しようとしたのである。

この改革はそれなりに功を奏したものと思われるが、一面では訴訟の迅速だけを目的としたため、覆勘《ふっかん》（再審）を受理しないことも多かったので、一部の御家人には不満を持たれてしまったのである。

「庭中」の復活

これに気づいた経時は、翌二年三月二十八日、再審要求のある者を庭中《ていちゅう》に呼び、みずから訴訟の旨を聞き、道理ありと見たときには、評定衆の各番の頭人に訴訟を移して、再審させることにした。それも迅速を旨としたため、再審を可とされた者は、その場から得宗被官に付き添われて、評定衆の許に赴いている。

執権権限の強化

以上のような経時の改革では、執権の権限が飛躍的に強化されていることに、まず気がつく。再審要求に道理があるか否かを判定するというだけでも、それである。

また訴論沙汰日結番制は、やがて時頼によって引付衆《ひきつけしゅう》の設置というかたちで承継される。また再審越訴《おっそ》制は、のちの時宗が越訴奉行を創設することにつながる。

都市鎌倉の規制

このように見ると経時の政治は、まさに〝幕政改革の開始〟と見ることができる。その政治は、武都鎌倉の市制にも及んでいた。

すでに仁治元年二月、泰時は「小路を狭くなすこと」などを禁じていたが、寛元三年（一二四五）四月二十二日、さらに具体的な禁令を、経時は発している。

一、道を作らざること。
一、宅檐《のき》を路に差し出すこと。
一、町家を作り漸々に路を狭むること。
一、小家《こや》を溝の上に造り懸くること。
一、夜行せざること。

このように経時の政治は多岐にわたったが、もっとも経時が手を焼いたのは、将軍九条頼経の問題だったかも知れない。

将軍の改替

わずか二歳で四代将軍を嗣立《しりつ》した頼経も、寛元二年には二十七歳になっており、北条氏の庶家である名越光時兄弟や三浦氏の庶家の三浦光村ら側近集団を擁して、北条得宗家に対する一大敵国の観をなしていたのである。

彼らが目的とするものは、もちろん将軍権力の強化だった。つまりは反執権政治ということであり、具体的には得宗家打倒ということになりかねなかった。

そして寛元二年四月二十一日、頼経の子六歳の頼嗣《よりつぐ》の元服の式が行なわれると、突然、頼経本人の発意というかたちで、将軍職の頼嗣への譲与ということが披露された。もちろん経時の内々の強要があったことは、疑いもない。

将軍の姻戚となる

そして翌年七月二十六日、追いかけるように、経時の次の手が打たれた。妹檜皮《ひはだ》姫と新将軍九条頼嗣との結婚である。新郎は七歳、新婦は十六歳だった。

この日は、「天地、相《あい》去るの日なり。先例ありといえども、甘心せず」という凶日だった。しかし経時は、得宗被官たちに厳重に警固させたうえで、密々のうちに強行したのである。これは北条得宗家にとって、大きな勝利だった。

かつて四代将軍頼経は、二代頼家の遺姫竹ノ御所を妻にしていた。つまり北条政子の孫娘の婿ということで、北条氏とは血縁関係があった。ところが文暦《ぶんりゃく》元年（一二三四）七月二十七日、竹ノ御所が三十二歳で死ぬと、得宗家は将軍との血縁関係を、持たないことになっていたのである。

そしていま経時は、妹檜皮姫を新将軍の許に送り込むことによって、五代将軍の義兄という立場を獲得したのである。まさに大勝利だった。しかし、……

前将軍頼経の存在

経時の勝利も、そこまでだった。前将軍となった頼経は、「大殿」と称して一定の権威を持ったまま、鎌倉から離れなかったのである。もちろん前述の側近集団も、もとのように頼経を囲繞《いにょう》していて、相変らず反得宗の姿勢を崩さなかった。

このような情況を前にして、経時はいく度となく頼経の帰京を図った。日時も定めたし、その準備も整えた。しかしそのつど、帰京は延期とされた。陰陽道《おんみょうどう》での凶日だからとか、火事で旅行の支度が焼けてしまったからとか、頼経たちには帰京延期の口実に事欠くことはなかった。とにかく頼経は、鎌倉に居坐り続けたのである。

経時の死

こうして前将軍派と執権方とが隠微に対立していたとき、事件が起った。寛元三年五月ごろから、経時夫妻が病気になったのである。ともに病状は、一進一退したらしい。しかし同九月四日、まず経時室が死んだ。『吾妻鏡』には十五歳とあるが、二十五歳の間違いであろう。下野国の豪族、宇都宮泰綱の娘だった。

そして約半年後の寛元四年三月、経時の病状が急速に悪化した。そして同二十三日、執権館で、「深秘ノ御沙汰」が開かれた。のちに寄合衆《よりあいしゅう》と呼ばれることになるが、北条一門の主立った少数だけの秘密会議である。このとき集ったメンバーは、明らかではない。得宗家の家督と執権職とは、弟の時頼が嗣立《しりつ》すると、その場で決まった。経時の二人の息子はまだ幼かったし、前将軍派と対決するには時頼がふさわしいと、思われたのだろう。そして四月十九日、経時は出家して、蓮華寺殿安楽禅門と法名し、閏《うるう》四月一日に死んだ。『吾妻鏡』には三十三歳とあるが、二十三歳の間違いである。佐々目山麓に葬られたが、いま墓は光明寺背後にある。

それにしても若い経時夫妻の相次いでの死には、なにやらを感じさせるものがある。もともと経時は、スポーツマンだったのに、である。

いずれにしても経時は、死因といい、墓所といい、とにかく謎の人物である。彼の執権在任は、わずか四年間でしかなかった。

得宗専制の確立

宮騒動と宝治合戦

時頼の執権就任と名越氏の反発

時頼《ときより》が得宗家《とくそうけ》を嗣立《しりつ》して、幕府執権《しっけん》に就任したことは、名越流《なごえりゅう》北条光時《みつとき》の強い反感を招いたらしい。光時は名越流こそが、北条氏の惣《そう》領家《りょうけ》だと信じていたからである。そのような光時の考えも、必ずしも故のないことではなかった。

義時《よしとき》の跡を嗣立した泰時《やすとき》の生母阿波局《あわのつぼね》は、実家も不明で、義時の正室だったか否かも、定かではない。だから泰時自身も、家督を嗣立するにさいして、若干の躊躇をしたことは、先述してある。

それに反して義時の次男だった名越朝時《なごえともとき》の生母姫ノ前は、武蔵国の大豪族比企朝宗《ひきともむね》の娘で、れっきとした義時の正室だった。そして時政の鎌倉での住居《すまい》だった名越館を、時政—

義時—朝時という順で伝領してきている。そのような意味でも、名越流が北条一門の嫡《ちゃく》流《りゅう》だと、光時は自負していたらしい。

前将軍頼経派の形成

経時が死んだ直後、「光時、将軍家の近習《きんじゅう》として祗候《しこう》するの間、夜々、輿《こし》に乗りて参り候、内々、御謀反を申し勧《すす》むとの由」が風聞されたと、『鎌倉年代記』の裏書に記されている。「将軍家」とはあるが、前将軍頼経《さきのしょうぐんよりつね》のことであろう。

前将軍頼経派には、この名越光時を筆頭にして、頼経の近侍《きんじ》藤原定員《さだかず》・定範《さだのり》父子や、後藤基綱《もとつな》、狩野為佐《ためすけ》、千葉秀胤《ひでたね》などの評定衆《ひょうじょうしゅう》に、問注所執事《もんちゅうじょしつじ》の町《まち》野流《のりゅう》三善《みよし》康持《やすもち》らがあったらしい。

時頼の示威行動

当然のことながら、すでに時頼は事態を察知していたに違いない。そして閏《うるう》四月十八日の亥《い》ノ刻（午後十時）、完全武装の兵多数が鎌倉中を馳せまわり、暁になると姿を消した。このようなことが翌日の夜も続き、三夜目には近国の御家人たちまでが馳せ集ってきて、鎌倉中を馳せ違い、駈け抜けた。

そして五月二十二日の寅《とら》ノ刻（午前四時）、時頼の母松下禅尼《まつしたぜんに》の兄安達義景《よしかげ》の甘縄《あまなわ》館の周辺で、またまた同じようなことが起った。いずれの騒動も、時頼方が前将軍派に対して、威嚇《いかく》の示威を行なったものと思われる。時頼方にこれだけ兵力があると、見せつける心理作戦である。

宮騒動

そして寛元四年五月二十四日の夕刻、名越光時が前将軍頼経館に入ったのを見届けると、突如、渋谷一族などの得宗被官軍に頼経館を包囲させ、外界との連絡を遮断した。

表面的には、前将軍に対する謀叛のようだった。いや事実、時頼がとった行動は、まさに謀叛以外ではなかった。しかし時頼には、立派な口実があった。

〝我が庶族の名越光時、我れに逆心を抱くこと、すでに露顕せり。我れ北条一門の惣領として、光時の野心を抑えんとす〟

決して前将軍に対する謀叛ではないと、したのである。

そして一夜が明けて、二十五日となった。前将軍派の敗北は、すでに明らかだった。卯《う》ノ一点（午前五時）、頼経の側近藤原定員が頼経館を出て、時頼館に行こうとした。しかし時頼側近の被官たちが、厳重に押し留めた。

この時頼の厳しい態度で、決着がついた。名越光時、時幸兄弟は出家して、降伏して出た。頼経の近侍藤原定員は、安達義景の預り囚人《めしうど》となった。

「内々ノ御沙汰」

その翌日、時頼館で「内々ノ御沙汰」が開かれた。時頼と北条一門の元老政村《まさむら》、俊秀の金沢実時《かねざわさねとき》、そして時頼の伯父にあたる安達義景の四人が、なにを語り合ったかは判らない。しかし頼経派の背後にいた大族三浦泰村《やすむら》の去就が、気になっていたことは間違いない。

そして六月六日の夜、その三浦泰村が弟家村を使者として、時頼館に差し向けた。しかし時頼は、家村には会わなかった。被官の諏訪盛重を介して、いろいろと問答したという。強硬な態度を示すことによって、三浦党との和睦を図ったのであろう。

いずれにしても三浦泰村が戦わないと見極めた時頼は、頼経派の面々を次々に処分していった。

頼経派の追放

後藤基綱、狩野為佐、千葉秀胤は、評定衆を罷免された。町野康持は、評定衆、問注所執事の両職を罷免された。名越光時は伊豆江間郡に流された。やがて前将軍九条頼経は、鎌倉を追却されて、京都に戻って行った。

以上の事件は、宮騒動あるいは名越氏事件、また寛元ノ乱ともいう。いずれにしても兄経時が手を焼いた九条頼経を、執権就任後わずか百余日の時頼が、京都に追却したのである。ときに時頼は、弱冠の二十歳だった。

いままで反抗的だった名越氏を膺懲《ようちょう》したことで、一門庶家に対する得宗の支配権が確立した。大豪族三浦氏が屈伏したことが示すように、御家人社会における北条氏の指導的地位も強固なものとなった。

反執権勢力の残存

しかし時頼がとった戦術が心理的なもので、打物《うちもの》とっての合戦でなかったことは、時頼の勝利に疑問を抱く者も、一部にはつくってしまっていた。三浦泰村の弟光村《みつむら》が、それだった。かつて公暁《くぎょう》の弟子だった駒若丸である。前将軍九条頼経が鎌倉から追却されたとき、三浦光村は京都まで頼経に扈従《こじゅう》していた。そして六波羅の若松殿で頼経と別れると、御家人たちに、

「相構《あい》えて今一度、鎌倉中に入れ奉らんと欲す」

と語ったという。

時頼が鎌倉から追却した頼経を、「今一度、鎌倉に入れ奉らん」というのは、具体的には時頼を倒すということになる。このように光村が発言したということは、すぐに時頼に伝えられた。

直後、時頼は三浦泰村に相談をかけた。

「いま幕府執権は、我れ一人たり。独断ならんことを怖る。されば六波羅の重時《しげとき》殿、鎌倉に招き下さんか」

仁治《にんじ》元年（一二四〇）に北条時房《ときふさ》が死んで以来、六年間も連署は置かれていない。いま六波羅探題北方である極楽寺流北条重時を、鎌倉に呼び戻して連署にしようと、時頼は考えたのである。政治権力の強化と同時に、軍事力の増強をも狙ったのであろう。

しかし三浦泰村は、言下に拒絶した。

「然るべからず」

これで重時の連署就任は、棚上げとなった。宮騒動では勝ったものの、三浦党は時頼でも無視できない存在だったのである。

三浦盛時を被官にする

次に時頼が打った手は、北条氏歴代のお家芸あるいは常套手段ともいうべきものだった。敵中に味方をつくるか、あるいは味方を送り込むのである。頼家との対決のさいの北条時房《ときふさ》、比企事件での中野能成《よしなり》、和田合戦のときの三浦義村《よしむら》である。

いま時頼が目を着けたのは、佐原流三浦盛時《もりとき》だった。時頼の父時氏を生んだ泰時の先妻矢部尼は、泰時と離縁した後、佐原流三浦盛連に再嫁して生んだのが、盛時兄弟だった。

このような血縁関係もあって、時頼が差し伸べたスカウトの手に、盛時は乗ってきた。その年の暮れ、盛時は時頼に臣従して得宗被官となり、時頼から得宗領陸奥国《むつのくに》糠部《ぬかのぶ》郡五戸《ごのへ》郷（五戸町）の地頭代に補任されたのである。

足利泰氏の帰国

時頼が三浦一族の一角を崩すのに成功した直後、時頼の作戦計画に重大な齟齬《そご》が生じた。宝治《ほうじ》元年（一二四七）三月二日、大豪族足利泰氏《あしかがやすうじ》に嫁していた妹が、突然、死んだのである。葬礼ということで、泰氏は本領下野国足利荘

図12

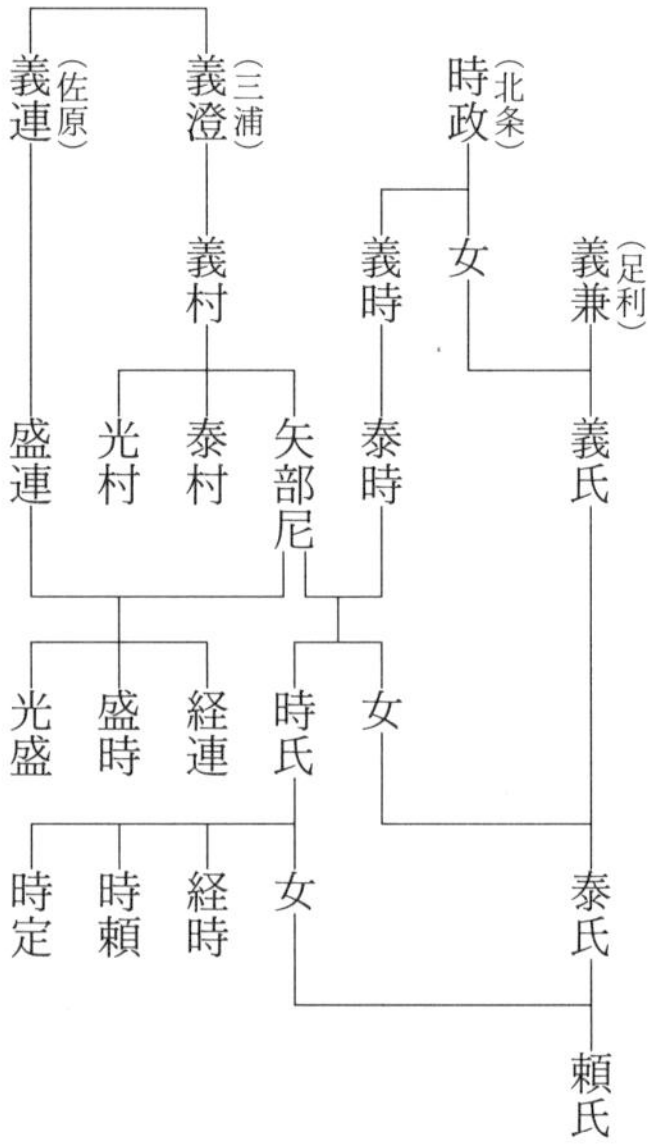

（足利市）に帰って行った。

時政のころから、足利氏は北条得宗家の娘と結婚し、歴代の当主が元服するさいには、いつも得宗が烏《え》帽《ぼ》子《し》親《おや》だった。伊賀ノ方事件のときに泰時が足利義氏を恃《たの》みにしたように、時頼も来たるべき三浦氏との決戦には、足利泰氏に恃むところは大きかった。

その足利泰氏が、鎌倉を去ってしまったのである。時頼にとっては、大きな痛手だった。しかし代案は、すぐにできた。直後、時頼は急使を、高野山に発した。すでに時頼の作戦計画は、中止できないところまで、進行していたのである。

心理作戦を展開

時頼の作戦計画は、またしても心理戦だった。三浦泰村が小心で気が弱いという点に基礎を置いて立案され、泰村の不安と動揺とを掻き立てるため、いくつかの段階に分けられていて、その第一段階は、すでに進行中だった。

鶴岡八幡宮の神殿の扉が、数刻もの間、開かれなかったとか、由比ガ浜の海水の色が、まるで血のように見えたとか、流星群が艮《うしとら》（東北）から坤《ひつじさる》（西南）に飛んだとか、つまらぬ流言が人々の口から口に伝えられていくうちに、なにごとかが起りそうな不安な雰囲気が、しだいに醸成されていった。

そして誰からともなく、そのなにごとかが起るのは、宝治元年三月十六日の戌《いぬ》ノ刻（午後八時）だと、人々に囁かれた。そして、その日のその時刻が来た。もちろん実際には、なにごとも起らなかった。しかし鎌倉中では、人々の間で騒ぎは起っていた。

そして翌十七日、黄蝶が鎌倉中を群れ飛んだ。幅は一丈（三㍍）ほどで、三列だったと、見てきたように喋るものもあった。さらに将門《まさかど》ノ乱や前九年合戦のさいにも、黄蝶が飛んだと語る古老もあった。東国に戦乱が起る前兆だと、人々は怖れおののいた。

安達景盛の出馬

この段階では三浦泰村は、このような世情の動揺が自分に関係しているとは、悟ってはいなかっただろう。いやおうなしに泰村が、これが自分のことだと分らされたのは、四月中旬であった。出家して覚智《かくち》入道となっていた安《あ》達景盛《だちかげもり》が、高野山から鎌倉に戻ってくると、すぐに時頼館を訪れ、満座の御家人たちの前で、子の義景、孫の泰盛を叱りつけたのである。

「三浦の一党、いま武門に秀《ひい》で、傍若無人なり。やがては、景盛等が子孫、定めて対揚の儀に足らざらんか。もっとも思慮を廻らすべきのところ、義景と云い泰盛と云い、緩怠《かんたい》の稟性《ひんせい》、武備なきの条、奇怪」

つまりは三浦党の打倒を、景盛は説いたのである。あてにできなくなった足利氏のかわりに、時頼は安達一族をあてることにして、まず生母松下禅尼の父景盛を、高野山から呼び寄せたのである。

景盛が三浦氏打倒を説いたということも、景盛と時頼とが内々に話し合ったということも、すぐに三浦泰村の耳に入った。次いで安達義景が武勇の神で弓矢を携えて立つ愛染明王の像を造立して、その前で秘法を修したという情報が入ると、泰村の不安は増大した。

和平を装う

ところが直後、時頼の使者が三浦館を訪れ、泰村の次男で九歳だった駒石丸を、養子に欲しいと言ってきたのである。こういう申し入れをするからには、時頼に三浦氏打倒の企図など、あるはずがない。泰村が快諾したのは、もちろんである。

そして五月三日、将軍九条頼嗣室になっていた時頼の妹檜皮《ひはだ》姫が、十八歳で病死した。時頼と現将軍との血縁関係が、切れたのである。時頼が歎息したのも、無理なかった。

白旗・高札を掲げる

続いて十八日、安達義景の甘縄館に、源氏の白旗一流《いちりゅう》が出現したと、人々が噂し合った。いまは亡き頼朝の霊が、安達方に味方していると思われたのである。

そして二十一日、鶴岡八幡宮の大鳥居の前に、木札が立てられた。それには、次のように記されていた。

若狭前司三浦泰村、独歩のあまり厳命に背くにより、近日、誅罰を加えるべしと、決定せり。よく〳〵謹慎あるべし。

さらに二十七日、妹檜皮姫の死で喪に服していた時頼は、当時の慣習に従って、泰村館に一泊した。ところが夜、館内に鎧《よろい》・物具などの物音がしたので、身の危険を感じた時頼は、密かに泰村館を脱出した。

しかし泰村には時頼暗殺の予定などなかったので、時頼が自館を脱け出たと知って仰天し、すぐに時頼館に陳謝の使者を送った。

そして六月一日、時頼は三浦館に使者を送って、三浦館内の様子を探らせた。弓数十張、鎧の唐櫃《からびつ》二、三十合が、三浦館には置いてあった。

双方軍備を調える

翌日、将軍御所と時頼館の防備が、厳重になされた。武蔵・相模・伊豆・駿河などの得宗被官軍が、時頼館の四面を守っていた。また泰村館との境にあたる筋替橋際には、防壁として雑役の車が横倒しにされた。これに対応して、泰村館でも軍備が整えられた。一触即発の緊迫した雰囲気が、鎌倉中を覆った。

三日、泰村館の南庭に、檜《ひのき》の板が投げ込まれた。それには、次のように記されていた。

この程、世間の騒ぐこと、何故とか知らで候。御辺、討たれ給うべき事なり。思い参らせて、御心得のために申し候。

そして宝治元年六月五日が来た。未明、北条、三浦両氏の軍兵が睨み合っていた筋替橋を、時頼の使者が泰村館に向かった。

貴殿を誅伐すべきの気、我れになし。日頃のごとく、異心あるべからず。

和平と偽り開戦

和睦の使者だった。そのうえ、時頼自筆の起請文《きしょうもん》も、これに付いていた。すっかり安堵した泰村は、すぐに手勢を解こうとした。

そのとき、義景・泰盛の安達氏父子の軍兵が、泰村館を襲った。当然のことながら、三浦勢も応戦して出た。すでに合戦開始と見た時頼は、金沢実時に将軍御所の警固を命じ、弟時定を大将軍に任じて、三浦勢を攻めさせた。

泰村館の三浦勢もよく戦ったが、南隣の人家に火をかけられると、折からの南風で入ってきた煙に燻《いぶ》し出され、頼朝法華堂に楯籠ることになった。

永福寺の惣門に陣取った弟三浦光村が、兄泰村と合流しようとして法華堂に向かったときは、きわめて凄《すさ》まじいものだった。群《むら》がる北条方軍兵の間を斬り抜け奔《はし》り抜けたのである。

しかし、しょせんは多勢に無勢だった。やがて三浦一族は、頼朝法華堂で自刃していった。ともに自刃したのは、毛利季光、宇都宮時綱、春日部実景、関政泰などの武将二七六人、郎等などを含むと全部で五百余人だった。宝治合戦あるいは三浦氏ノ乱という。

三浦氏の滅亡

直後、宮騒動で上総国に逼塞していた千葉介秀胤も、討手を向けられて死んでいる。

幕政の一大転換

御家人の顔ぶれの変化

頼朝が挙兵してから、すでに九十余年が過ぎていた。鎌倉の御家人社会も、大きく変っていた。もはや梶原、比企、畠山、和田というような大物はいなくなり、いままた大族三浦氏が滅び去った。

生き残っている御家人たちも、それなりにさま変りしていた。大江広元の子孫では、嫡系の毛利季光が頼朝法華堂で自刃し、庶系の長井泰秀がとってかわった。三善善信の系統でも、嫡系の町野流は、庶系の太田流にとってかわられている。千葉介常胤《ちばのすけつねたね》の末では、本流の上総《かずさ》氏が滅んで、庶流の大須賀・東両氏にかわられている。大族三浦氏の惣領家は滅び去って、庶子家だった佐原流の盛時が三浦介《みうらのすけ》を承継したが、すでに得宗《とくそう》被官になり下っていた。

五代将軍九条頼嗣《よりつぐ》の御所での役職者も、宝治合戦直後の七月一日、大きく変えられた。

北条氏による人事登用

三浦一族とその与党の面々、多く戦死して、その欠を生じたるが故なり。と、公式には発表された。しかし新加の家を精選したのが小侍所別当《こさむらいどころべっとう》の金沢実時《さねとき》だったから、将軍近侍《きんじ》の諸役を北条方の人々で固めたということだっただろう。

鶴岡八幡宮の別当も、定親から隆弁にかえられた。さらに京都でも久我通光が、太政大臣を辞任している。久我通光・定親は土御門通親《つちみかどみちちか》の子で、三浦泰村室の兄弟だったのである。

そして宝治合戦から一ヵ月ほどたった七月二十七日、京都から帰ってきた極楽寺流北条重時が、幕府連署に就任した。彼が住んだのは、若宮大路東側北端だった。いずれにしても三浦泰村の意向を、配慮しなくてもよくなっていた。

評定衆メンバーの変化

評定衆のメンバーや北条一門の占める割合なども、大きく変化していた。

寛元四年の宮騒動の前は、評定衆の総数は二一人だった。騒動後に後藤基綱《もとつな》・狩野為佐《ためすけ》・千葉秀胤《ひでたね》・町野康持《やすもち》の四人が罷免されて、総数は一七人になった。

そのうち北条一門は、政村・朝直・資時の三人で、騒動後にも人数は減らなかったが、割合としては、一四・三%から一七・六%に増加したことになる。

宝治合戦後の増加率は、きわめて大きかった。毛利季光・三浦泰村・同光村が戦死し、戦後、季光の弟大江忠成が罷免されたが、名越時章が新加されたので、総数は一四人。うち北条一門は四人ということで、割合は二八・六%と、宮騒動前のちょうど二倍になったことになる。

時頼の意向が、評定衆を通じて強く幕府政治に反映することになったのである。その時頼の意向を決定するのに大きく貢献したのが、寄合衆《よりあいしゆう》だった。

「寄合」の成立

かつて畠山重忠《はたけやましげただ》討伐ということで、時政、義時、時房の三人が、会議を開いている。その家族会議が、その後、〝深秘ノ御沙汰〟という謎めいた会になり、やがては寄合衆というかたちに発展していく。

その「寄合」という語が『吾妻鏡《あずまかがみ》』に初見されるのが、宮騒動直後の寛元四年六月十日条だった。

左親衛(時頼)の御亭において、また深秘ノ沙汰あり。亭主、右馬権頭(政村)、陸奥掃部助(実時)、秋田城介(義景)等、寄合う。

そして宝治合戦直後の宝治元年六月二十二日、合戦での戦死者などの交名が、「御寄合の座」で発表された。次いで同二十六日、「内々御寄合の事あり」。出席者は同じ四人だったが、得宗被官の諏訪盛重が奉行を勤めている。しだいに組織化されつつあることが、看取される。

北条氏専制の確立

いずれにしても宝治合戦が終ると、幕閣の様相は大きく変化していた。すべての要職は北条方の人々で抑えられており、もはや時頼に楯突くことができる者は、どこにもいなくなった。このような情況の下で、時頼は幕政改革に乗り出していった。

ちなみに幕政の改革は、すでに兄経時が始めたことだった。だが時頼が最初に手をつけたのは、意外な方向だった。宝治合戦から二ヵ月後の同八月、時頼は曹洞禅の開祖道元を鎌倉に招いたのである。

道元の鎌倉招聘

このころまでに道元は、すでに『正法眼蔵《しょうぼうげんぞう》』『護国正法義』などを著わし、越前国志比荘（永平寺町）の領主波多野義重から寺地を寄進されて、吉祥山永平寺を創建していた。

その道元が鎌倉に入ったのは、八月三日だった。波多野義重の名越館の一部を白衣舎《びゃくえ》と名付け、そこに道元は住んだ。直後から多くの僧俗が白衣舎を訪れたが、時頼もその一人だった。法談を交したらしい。

世上の目は、白衣舎に集まった。道元が三浦泰村室の兄であるということも、関心が生じた一因だったかも知れない。しかし大きかったのは、時の権力者時頼が、道元の曹洞禅を受容するか否かだった。

鎌倉幕府と寺門派

ちなみに、九世紀中葉、比叡山延暦寺《ひえいざんえんりゃくじ》（山門）から園城寺《おんじょうじ》（三井寺、寺門）が自立すると、山門と寺門との間で、対立抗争が展開されるようになる。源平両氏の抗争では、山門は平家側、寺門は源氏方だった。必然的に鎌倉幕府の宗教は、寺門派ということになった。幕府立の官寺である鶴岡八幡宮の別当は、鎌倉時代十七代のうち、一〇人までは寺門出身だった。同宮二五坊の初代供僧は、寺門出身が一五人、東寺出身が六人、そして山門出身はわずか四人、それも着任はかなり遅れていた。

つまり鎌倉幕府の宗教は、基本的には寺門だった。ところが頼朝の晩年の建久二年（一一九一）、やや異例が起る。北条時政・義時父子が推挙した山門派の僧が、続けて三人も同宮の供僧に採用されたのである。

臨済禅が優勢となる

頼朝が死ぬと、さらに大きな変化が生じた。臨済禅の栄西のために、北条政子は寿福寺を創建し、二代将軍頼家は京都に建仁寺を建てた。続いて栄西の弟子退耕行勇《たいこうぎょうゆう》のために、北条泰時は東勝寺を建て、政子の妹（足利

表1　鶴岡八幡宮別当次第（仮初 良暹）

代	別当	補　　任	出身	血　　縁	通　　称	在任
1	円暁	寿永元(1183)9.20	寺門	後三条天皇皇子輔仁親王の孫	宮法眼	19
2	尊暁	建仁元(1201)2. 1	寺門	円暁の弟	宰相阿闍梨	6
3	定暁	建永元(1206)7. 3	寺門		三位僧都	12
4	公暁	建保5(1217)11.21	寺門	頼家の息	悪別当	2
5	慶幸	建保7(1219)正.	寺門		三位僧都	1
6	定豪	承久2(1220)正.	東寺		弁大僧正	1
7	定雅	承久3(1221)9.27	東寺		大蔵卿法印	9
8	定親	寛喜元(1229)	東寺	土御門通親の息		19
9	隆弁	宝治元(1247)6.26	寺門		法務大納言	37
10	頼助	弘安6(1283)8.14	東寺	経時の息	佐々目僧正	8
11	政助	永仁4(1296)2.27	東寺	時頼の子宗政の息	亮法印	8
12	道瑜	乾元2(1303)6.11	寺門		二条殿	7
13	道珍	延慶2(1309)6.18	寺門		南滝院僧正	5
14	房海	正和2(1313)9. 1	寺門		刑部卿僧正	4
15	信忠	正和5(1316)8.13	東寺		九条殿	7
16	顕弁	元亨2(1322)10.28	寺門	金沢貞顕の兄	月輪院	10
17	有助	元徳3(1331)4.26	東寺	伊具有時の息又は曽孫	佐々目僧正 元弘3.5.22 自刃57歳	3
18	覚助	元弘3(1333)9. 4		後嵯峨天皇皇子		

義兼未亡人）は極楽寺（のち浄妙寺）を建てている。

いまのところ鎌倉では、臨済禅が優勢のようである。しかし後世に鎌倉新仏教と呼ばれることになる日本型の宗教改革も、すでに始まっている。法然は浄土教を興し、親鸞は浄土真宗を開いた。一遍の時衆、日蓮の法華宗も、さほど遠くはない。旧仏教側からも西大寺に叡尊《えいぞん》思円が現われて、すでに巻き返しを図っている。

時頼と道元

このようなときに、時頼が曹洞禅の道元に傾倒しているかに見えたのである。世上がこれに注目したのも、当然だった。しかも時頼は、やがて道元から菩薩戒を受けたのである。まさに世上は、どよめかんばかりだった。

しかし時頼の道元への傾倒も、そこまでだった。ただただ只管打坐《しかんだざ》を説くだけの道元は、まだ若かった時頼には合わなかったらしい。鎌倉滞在約半年間、宝治二年二月、道元は鎌倉を去った。

時頼が道元に帰依《きえ》しなかったのは、同じころ、蘭渓道隆《らんけいどうりゅう》が鎌倉にいたからだったかも知れない。

蘭渓道隆の活動

蘭渓道隆は、中国南宋の禅僧だった。寛元四年に来朝して、しばらく博多にいたが、宝治元年に上洛して、泉涌寺《せんにゅうじ》の来迎院に寄寓した。このとき時頼に招かれたのである。

鎌倉に入った道隆は、しばらくの間、寿福寺にいた。しかし宝治元年十一月七日、寿福寺が全焼した後、どこにいたか判らない。いずれにしても宝治二年三月、時頼は道隆を大船郷の常楽寺の住持に任じた。

ちなみに常楽寺の開山栄西は、臨済禅を興したというわりには、気の弱い人だったらしい。天台宗からの攻撃を怖れて、常楽寺では臨済禅と天台宗との兼修だった。

しかし蘭渓道隆は、強かった。すぐに常楽寺を、臨済禅だけの専修にしたのである。それまで「粟船ノ御堂」とだけ呼ばれていたのを、常楽寺としたのも道隆だった。

直後、時頼は同寺に梵鐘《ぼんしょう》を寄進した。のち建長・円覚両寺のものと合わせて、「鎌倉三名鐘」と謳われることになる。

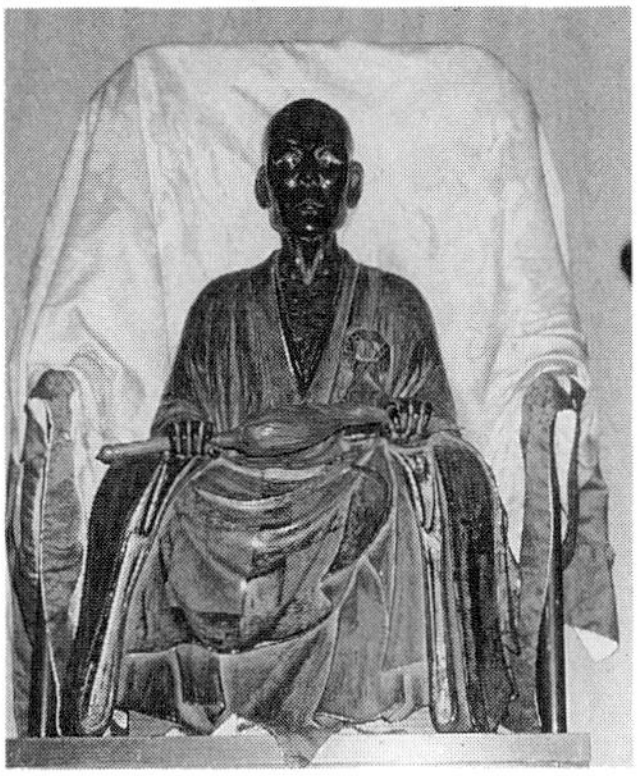

図13　蘭渓道隆

建長寺造営

そして建長元年（一二四九）、小袋坂の地獄谷で整地の工事が始まった。死刑場だった谷間を平坦にし、刑死人のための地蔵堂を移転したのである。建長寺造営のためだった。

そして建長三年十一月八日に着工、同五年十一月二十五日、ついに落成した。巨福山建長興国《こふくざんけんちょうこうこく》禅寺《ぜんじ》である。本尊は地蔵菩薩、開基は時頼、そし

図14　建長寺

て開山は蘭渓道隆である。

鎌倉幕府にとっての宗教改革は、これで完了した。幕府の宗教は、専修臨済禅ときまったのである。日蓮や一遍の登場は、遅すぎたのである。

建長寺には、いくつか注目すべき点がある。最澄が延暦四年（七八五）に建てた延暦寺、藤原良房が貞観《じょうがん》四年（八六二）に命名した貞観寺、建仁《けんにん》二年（一二〇二）に源頼家が着工を命じた建仁寺などとともに、元号を寺名とする数少ない寺の一つだということも、それである。

のち暦応《りゃくおう》年間（一三三八〜四一）、足利尊氏《たかうじ》は創建した寺を暦応寺としようとしたが、延暦寺の反対で天竜寺とするが、時頼の建長寺命名には延暦寺の反対はなかった。

また建長興国禅寺の「興国」の二文字に、強烈な国家意識が感じられる。文暦元年（一二三四）以来、蒙古と国境を接するようになった南宋では、強い国家意識が育っていたが、これが道隆を通じて日本にもたらされていたと、見ることもできるかも知れない。

青砥藤綱の伝説

なお時頼の被官に、青砥藤綱《あおとふじつな》という人がいたという伝説がある。十文の銭を川に落としてしまったとき、五十文で松明《たいまつ》を買って探した。これを小利大損と笑われたとき、次のように答えたという。

落とした銭十文を探さずんば、これ、この世から失せぬべし。我れが松明に払いし五十文は、商人の手に渡り、この世に留まるべし。かれこれ六十文の銭、日本国としては、一枚も失わず。これ天下の利ならんや。

きわめて素朴な金銭感覚とともに、かなりの国家意識が感じられる。これこそ道隆が日本に持ち込んできて、時頼に伝えたものだろう。

御家人の窮乏

いずれにしても素朴な金銭感覚などの故に、中小の御家人のうちには、所領所職などを質入れして失い、所領を持たない無足の者も現われている。寛元三年六月、若狭国の御家人は、次のように記している。

当国の御家人、もと三十余人。今、わずかに残るところ十四人なり。

軍事政権としての鎌倉幕府は、まことに由々しい事態に直面していたのである。

御家人の負担軽減

ちなみに鎌倉武士の社会では、毎年の八月一日には、「八朔《はっさく》」と称して相互に贈物をやりとりし、御家人から将軍に対しても贈物をすることになっていた。

それが宝治合戦直後の八月一日、禁止された。将軍に対する贈物だけは、執権だけがすることになった。御家人救済の一策である。

そして宝治合戦から約半年後の十二月二十九日、京都大番役の期間が半減された。かつて平清盛が三年間とし、頼朝が六ヵ月としたものを、さらに時頼は三ヵ月に短縮したのである。

同時に時頼は、京都大番役を勤仕する御家人たちを、二三番（班）に編成した。この措置の効果は、きわめて大きかった。個々の御家人にしてみれば、五年九ヵ月ごとに三ヵ月の勤番ということになる。その負担は、格段に軽微になったはずである。

同じころ、将軍御所の移転新築ということが、幕閣で討議されたが、すぐに沙汰止みとなった。御家人たちに負担をかけまいという配慮が、根底にあったものと思われる。

宝治二年閏《うるう》十二月二十日、寒中の的調《まとしらべ》が中止された。建長五年九月十六日、御家人たちに過差禁令《かさきんれい》が出され、同六年十二月二十三日、評定衆など一定以上の御家人のほかは、騎馬の供を従えることが禁じられた。いずれも御家人たちの負担を、軽少にするのが狙いだった。

職務怠慢を戒める

しかし時頼の施政は、御家人たちを甘やかすだけのものではなかった。寛元四年九月十二日、将軍近侍の御家人が、六番（班）に編成されて、交名《きょうみょう》（名簿）が発表された。諸人の目を惹いたのは、末尾の文だった。

故なき不参が三度に及ばば、罪科たるべし。

と、書いてあったのである。

宝治二年十一月二十三日、太田康連《やすつら》と二階堂行盛は、時頼に呼びつけられて、叱責された。問注所奉行人《もんちゅうじょ》としての怠慢を、戒められたのである。

建長二年二月五日、西国御家人たちが叱られた。六波羅探題の召文《めしぶみ》に応じない者が、多かったからである。同十二月七日、一般の御家人たちも、時頼に叱られた。

召文に応ぜざること三度に及ばば、将軍直々の御使を差遣すべし。それでも難渋せしめば、罪科に処せらるべし。

そして同二十七日、将軍近侍《きんじ》の御家人が、各番一六人ずつで、計六番に編成された。そして故なく欠勤すれば、「削名字」にすると付言された。「削名字」とは、名字を剝奪することである。

鎌倉中への規制

鎌倉の市制についても、時頼は配慮を払っていた。宝治合戦直後の八月二十日、鎌倉中の各保の奉行人に命じて、各保に流入している浮浪人を退去させたのは、その一例である。〝鎌倉に行けば、なんとかなる〟とばかりに、鎌倉に流入してくる者が多かったのである。

そして宝治二年四月二十九日、「鎌倉中の商人等、その式数を定むべし」という命令も出された。鎌倉での商人が、増加しすぎたと見えたのであろう。

さらに建長二年三月十六日、各保の奉行人に、次のように令された。

鎌倉中の無益の輩等の交名を注し、田舎に追いやり、よろしく農作の勤めに随わしむべし。

次いで同三年十二月三日、鎌倉中のいたるところにあった小町屋（商店街）が、次の七ヵ所に限定された。

大町　小町　米町　亀ガ谷ノ辻　和賀江　大倉ノ辻　気和飛坂山上

続いて同四年二月十日、鎌倉中の諸小路に軒などを差し出して、路幅を狭くしないようにと、下知が下されている。

そして同五年十月十一日、鎌倉中での商品について、次のように公定価格を定めた。

炭一駄　百文
薪　三十束三把別百文
萱木《かやぎ》　一駄八束　五十文
藁《わら》　一駄八束　五十文

これは失敗だった。一般の相場より安かったので、商人が売り惜しんだから、商品が出廻らなくなったのである。どうしても必要だった人々は、押し買いや迎え買いをするまでになった。しかたがなくなった時頼は、翌年十月十七日には、公定価格を撤廃している。

農民保護（撫民）政策

農民に対する施策も、時頼は忘れてはいなかった。その基本は、撫民《ぶみん》だった。

宝治元年十一月一日、評定衆会議で、

地頭一円地たりといえども、名主が子細を申さば、ことの体によって沙汰すべし。

と決定している。地頭が全権力を握っている地であっても、名主の主張に理があれば、その訴訟を受理せよとしたのである。

さらに同二十七日、より具体的な指令を六波羅探題に送った。

諸国の守護・地頭ら、過分の年貢を責め取ることありという。これ土民百姓の痛苦の基なり。よろしく停止すべし。

そして翌二年閏《うるう》十二月二十三日、

百姓らを安堵《あんど》せしむることこそ、地頭御家人の進止たるべし。

と、令している。さらに建長三年九月五日、

窮民を救済して、安堵せしむべし。

とも、令している。

このように時頼は、さまざまな面において善政を布いたが、とくに重要だったのは、引付衆《ひきつけしゅう》の創設だった。

引付衆の設置

建長元年十二月九日、一五人の評定衆のうちから、北条一門の三人を選んで、三番編成の引付衆の各頭人に任じた。泰時《やすとき》の四弟政村《まさむら》、時房《ときふさ》の四男大仏朝直《おさらぎともなお》、時房《ときふさ》の三男資時《すけとき》である。

それから四日後の同十三日、二階堂、大曾禰、少弐など官僚クラスの御家人から引付衆を選抜任命して、各頭人の下に配属させた。

各番の引付衆は頭人の下で会議を開き、担当案件に関する結論の原案を作成すると、それを頭人が評定衆会議に提出するのである。訴訟などの迅速化が、狙いだった。

引付衆制度の開始は、執権政治での合議制が、ついに頂点にまで達したということだった。ということは、そのまま政権自体が、変質を迫られているということでもあった。このような幕政の転換点が、宝治合戦だったのである。

そして宝治合戦は、時頼の私生活にも一つの転換を迫ったのである。

時頼の妻・子供

ちなみに時頼は、延応《えんおう》元年（一二三九）十一月二日、十三歳で毛利季光の娘と結婚した。ところが九年後の宝治合戦に、季光は三浦側として戦死したのである。事実上、時頼は妻の父を、攻めて殺したことになる。結果ははっきりしないが、離縁になったものと思われる。

その直後、時頼になにやらのことがあった。そして十月十日ほどたった宝治二年五月二十八日、時頼の長男が生まれた。幼名は宝寿丸。のち時利、改名して時輔《ときすけ》である。生母は「時頼の妾」で、将軍家讃岐、あるいは三河局とも呼ばれた。幕府の女官だったらしいとしか、判らない。

いずれにしても宝寿丸は、あまり歓迎はされなかったらしい。乳人《めのと》に任じられた諏訪盛重が、必死に辞退しているからである。

これと正反対だったのが、次男正寿丸（のち時宗《ときむね》）である。生まれたのは建長三年五月十五日の酉《とり》ノ終刻（午後七時）だったが、その一年ほど前から祈禱などが行なわれていたのである。生母は時頼の正室で、連署の重時《しげとき》の娘だったからであろう。続いて正室は、福寿丸（のち宗政《むねまさ》）を生んでいる。

いずれにしても時頼は、庶腹の時輔には苛酷で、正室が生んだ時宗・宗政を偏愛した。時宗が生まれる前に時輔は三男とされ、生母とともに時頼の小町館（宝戒寺）から追却されている。そして時宗・宗政のためには、二人の幼名にちなんで、聖福寺までが建てられている。

将軍頼嗣周辺の不穏

時宗が生まれた建長三年のころ、密かに時頼は将軍九条頼嗣《よりつぐ》の廃立を図っていたらしい。頼嗣本人は十三歳でしかなかったが、その祖父で前摂政《さきのせっしょう》道家、その父で前将軍頼経の九条家父子が、頼嗣が現将軍であることを利として、しきりに画策する気配があったからである。

この時頼の野望は、やがて洩れたらしい。すぐに反作用が起った。宝治合戦で敗れた三浦・千葉両氏の残党が、時頼打倒の陰謀を企てたのである。下野国《しもつけのくに》の大豪族足利泰氏《やすうじ》も、これに加わっていたらしい。

足利氏の失脚

この陰謀も、すぐに時頼に洩れたらしい。そして洩れたと悟った足利泰氏は、十二月二日、将軍の許可なしに出家して（自由出家）、同五日、みずから出訴して罪を詫びたので、下総国《しもうさ》埴生《はぶ》荘（栄町）一所を没収されるだけで済んだ。しかしこれで足利氏は、幕閣での立場を失った。いままでの歴代の当主は、いずれも得宗家の娘を正室として与えられていたが、泰氏の子頼氏《よりうじ》には、ついに時頼の娘は降嫁しなかった。

陰謀残党

いずれにしても反時頼の陰謀は、やがて露顕し、同二十六日、僧了行法師（三浦氏）、下総《しもうさ》国矢作《やはぎ》郷（千葉市矢作町）の小領主矢作左衛門《さえもんのじょう》尉、能登《のと》国大屋荘（輪島市）の領主長谷部《はせべ》久連《ひさつら》などが生け捕られ、翌日、処刑された。

皇族将軍下向を要請

この事件は、将軍廃立という時頼の野望を、さらに強くさせたらしい。そして建長四年二月二十日、時頼の密使が京都に向かった。後嵯峨上皇《ごさがじょうこう》の第一皇子宗尊親王《むねたかしんのう》か第三皇子恒仁親王《つねひと》か、いずれか一方を幕府の六代将軍に迎えたいと、朝廷に申請したのである。

当然のことながら、前摂政九条道家の大反対が予想された。自分の孫頼嗣が将軍を罷免されるということに、同意するはずはなかった。

ところが同二十七日、京都からの急報が入った。意外や意外、すでに二十日の戌《いぬ》ノ刻（午後八時）、その道家が死んでいたというのである。

道家の死は、あまりにもタイミングがよすぎた。そのためか、『北条九代記《ほうじょうくだいき》』には、次のように記されている。

道家公、薨《こう》じ給ふ。年六十一歳なり。（中略）いま薨じ給ひけること、疑心なきにあらず。武家より計らひ奉りけるにやと、心ある人は怪しみけり。

時頼が暗殺させたのではないかというのである。しかし時頼は、道家を殺してはいない。すでに道家は不遇になっており、死を覚悟していたらしく、建長二年十一月には所領の処分も行なっている。

宗尊親王、六代将軍となる

いずれにしても幕府に従順な後嵯峨上皇は、宗尊《むねたか》親王の関東下向を快く許可した。そして建長四年四月一日、親王は鎌倉に到着した。六代将軍である。直後、廃立された前将軍九条頼嗣一家は、京都に追却された。

帝王学の教育

赤斑疹の蔓延

建長《けんちょう》七年（一二五五）、畿内近国で赤斑疹《あかもがさ》が蔓延した。いまの痲疹《はしか》のことらしい。医薬が低かった時代である。人々はバタバタと倒れた。そして同八年に入ると、鎌倉でも始まった。早くも元旦に、新将軍が倒れたのである。しかし十五歳という若さの故か、すぐに回復している。しかし直後、時頼館の贄殿《にえどの》で、下人が死んだ。すでに鎌倉中に、赤斑瘡は蔓延していたのである。

幕府人事の刷新

そして三月十一日、重時が陸奥守と連署とを辞して、出家した。と直後の同十六日、執権時頼までが、病魔に倒れた。しかし三十歳という若さの故か、直後、やや回復したらしい。それを機として、大幅な人事移動が行なわれた。

重時の後任の連署には、北条政村が就任し、政村の後任の一番引付頭人には、一番頭人だった大仏朝直《おさらぎともなお》、その後任には三番頭人だった名越時章《なごえときあき》、その後任には小侍所別当在任のまま金沢実時《さねとき》が就任した。また六波羅探題も、重時の嫡男《ちゃくなん》長時《ながとき》から三男時茂《ときもち》へとかわった。

要人の病死相次ぐ

この間にも、赤斑疹や種々の病魔が、鎌倉周辺を暴れまわっていた。

四月十日、矢部尼禅阿が七十歳で病死し、六月十日に名越頼章、同二十七日に宇都宮経綱室（重時の娘）、七月六日に長時室（北条時盛の娘）、と、相次いで死んだ。

京都でも、死は続いていた。八月十一日に四代将軍だった九条頼経が痢病で死に、九月二十四日には五代将軍だった九条頼嗣が赤斑疹で死んだ。父子ともに将軍職に未練があったらしいから、裏があったかも知れない。

そして九月十五日、時頼が赤斑疹を発症し、その翌日には時頼の娘も、赤斑疹で倒れた。続いて病魔で倒れたのは、長時の長男義宗、後嵯峨上皇の四ノ宮雅尊親王、金沢実時室（政村の娘）、問注所執事の太田康連などなど。

十月五日、験直《げんなお》しということで、建長八年は康元《こうげん》元年となった。しかし改元程度では、赤斑疹の猛威は衰えなかった。前摂政近衛兼経の姫、時頼の長女、後嵯峨上皇の妹宮と、相次いでこの世を去った。

時頼危篤に陥る

そして十一月三日、大事件が起った。赤斑疹だけでも恐ろしいのに、そのうえに時頼が赤痢病まで併発したのである。時頼館のみならず、将軍御所や一般御家人の館でも、加持祈禱が展開された。もちろん幕閣の政務は止まり、鎌倉中の耳目が時頼館に向けられた。

そして十一月二十二日、数日間も危篤状態だった時頼が、意識を回復した。しかし誰も、時頼が本復するとは思わなかった。死ぬ直前に、一時的に小康状態になったのだと、人々も時頼自身も思ったらしい。

執権職を譲り出家

意識のあるうちにということで、時頼は極楽寺流北条長時を枕頭《ちんとう》に招くと、執権職、侍所別当、武蔵国務および執権館を、長時に譲ったのである。しかし長時の立場は、六歳の時宗が生長するまでの仲継ぎでしかなかった。

その翌日、死を覚悟した時頼は、小袋ガ谷の最明寺《さいみようじ》に入って出家した。法名は、覚了《かくりよう》房道崇《ぼうどうそう》だった。

直後、世上の事態が急変した。あれほど荒れ狂っていた赤斑疹が、突如として終熄したのである。そして自他ともに死を覚悟していた時頼も、完全に全快したのである。

やがて年が明けて康元二年元旦、意外なことが起った。将軍の御行始《おなりはじ》めの行き先が、出家した時頼の住む最明寺《さいみょうじ》だったのである。

最高権力者は変らず　ちなみに年頭の将軍の初外出である御行始めでは、将軍は将軍に次ぐ幕閣第一の者、つまりは執権の館に行くことになっていた。その御行始めで最明寺に行くということは、時頼は執権ではなくなったが、やはり将軍に次ぐ幕閣第一の者であるということになり、つまりは現執権長時より上位だということになったわけである。

これから以降、七年間も時頼は生きていた。この間の時頼の幕閣での位置は、まさに執権長時、連署政村より上位だった。むしろ執権・連署の二人は、時頼の代官のような存在だった。

得宗専制　執権ではない時頼が、幕府権力を一人で握っていたのである。これはすでに執権政治ではない。鎌倉北条氏惣領家の当主つまり得宗として全権を握っていたのだから、これこそ得宗専制ということになる。

その得宗専制は、すでに宝治合戦を契機として成立していたのである。しかし今まで時頼が執権だったので、その権力の根拠が執権職にあるかのように見え、実態が得宗という立場にあったことが見えなかったのである。

しかし出家してから以降、死ぬまでの七年間、時頼の施政には、見るべきほどのものは、ほとんどない。

強いて言えば、長男時輔《ときすけ》に辛くあたり、次男時宗《ときむね》を偏愛したというに尽きる。正室が生んだ時宗の家督としての立場を、より確実にしようと努めたのかも知れない。

嫡子時宗の元服

時頼が出家した翌年、時宗が元服した。場所は将軍御所で、将軍宗尊《むねたか》親王が烏帽子親だった。時宗の「宗」の字は、将軍からの偏諱《へんき》だった。

これよりさき、時輔も元服していた。場所は時頼館で、大豪族ではあったが一御家人の足利利氏《としうじ》が烏帽子親だった。時輔の初名は時利だった。

なによりも大きな差は、長男時輔が三郎とされたのに、次男時宗は太郎だったことである。とにかく時宗が次代の得宗なのだと、世上に発表されたことになる。時宗の元服が行なわれていたとき、兄時輔は引出物の馬の口輪を把って、庭上に佇立《ちょりつ》していた。

将軍御所昼番衆の設置

正元《しょうげん》二年（一二六〇）正月、昼番衆《ひるばんしゅう》の制が定められた。歌道・蹴鞠・管絃・右筆・弓馬・郢曲《えいきょく》など、なにか一芸に秀でている者七八人を選抜し、各番一三人ずつで六日目ごとに将軍御所に出仕して、将軍に近侍するのである。

そして十歳の時宗は一番の頭人で、時輔は三番に属する平の番衆だった。なお時輔は、これよりさき、時利から時輔に改名している。

宗尊親王の姻戚となる

直後の同二月五日、近衛兼経《このえかねつね》の姫宰子《さいし》の一行が、鎌倉に到着した。二十歳の宰子は、十九歳の将軍宗尊親王と結婚するのである。しかし結婚式は、すぐには行なわれなかった。その前に宰子が時頼の猶子《ゆうし》になるということが、必要だったのである。

ちなみに歴代の将軍は、みな北条氏と姻戚関係にあった。源氏将軍三代は、北条政子を通じて北条氏の外戚だった。四代将軍九条頼経室の竹ノ御所鞠子は頼家の遺姫だったから、頼経は政子の孫娘の婿ということになる。そして五代九条頼嗣室は、経時・時頼兄弟の妹檜皮姫だった。

しかし六代宗尊親王は、まだ北条氏とは姻戚関係がなかった。そこで時頼は近衛宰子を自分の猶子にして、それから宗尊親王と結婚させようとしたのである。そうなれば将軍は時頼の義理の息子ということになり、時宗は将軍夫妻の義理の弟ということになる。

時宗、小侍所所司となる

直後、時宗は小侍所《こさむらいどころ》の所司に任じられた。将軍の身の廻りの世話をする役所の副長官で、正の長官である別当は、金沢実時《さねとき》だった。そして最初の仕事は、将軍の結婚式を取り仕切ることだった。

ちなみに金沢実時は、鎌倉でも有数の学者であり、幕政の実務にも長じている。その実時の下僚に時宗を任じたということに、時宗が実時から種々の教育を受けられるようにという時頼の配慮が感じられる。しかし直接的には、将軍の結婚式に備えての人事だったようである。

いずれにしても宰子は、時頼の猶子になった。そして時宗は、小侍所の所司になった。さらに結婚式の細々とした準備は、すべて金沢実時が終わらせていた。そして同年三月二十一日、結婚式の当日が来た。

時宗、一切を取り仕切る

と、当日、意外のことが起った。すべてを取り仕切る役の実時が、妻室の急病ということで、突然、欠勤と言ってきたのである。

小侍所の所司という役目柄、わずか十歳の時宗が、将軍の結婚式を取り仕切った。事前の準備が完全だったこともあって、すべては順調に終った。

振り返ってみると、執権長時、連署政村、そして時宗を補佐した得宗被官の面々など、みな実時の欠勤を事前に知っていたかのようだった。すべては時宗に名をなさしめるために、時頼が仕組んだことだったかも知れない。この日、時輔は、ただ将軍に近侍しているだけだった。

将軍家放生会

同じころ、鎌倉東南の松葉ガ谷では、僧日蓮が『立正安国論《りっしょうあんこくろん》』を執筆していたが、鎌倉幕閣では、放生会《ほうじょうえ》の供奉人《ぐぶにん》について、いささか揉《も》めていた。

ちなみに放生会とは、毎年八月十五日、将軍が鶴岡八幡宮に詣でて、鯉などを放生池(源平池)に放してやるもので、元三《がんざん》の儀と並ぶ頼朝以来の重大な儀式だった。だから御家人たちにとっては、供奉をすることはきわめて名誉のことであり、どの役が割りあてられるかは、最大の関心事だった。

供奉人交名の提出

その八月十五日が近づいたので、同六月十六日、小侍所別当の金沢実時は、供奉人の交名《きようみよう》(名簿《めいぼ》)原案を作成して、これを執権長時に提出した。実時の事務能力を信頼していた長時は、一見にも及ばずに実時に返した。そこで実時は、これを将軍に提出した。例年通りならば、すぐに将軍は原案通りに裁可するはずだった。

将軍の指示

ところが今年は、例年とは違っていた。箇条書きの修正案が戻ってきたのである。

一、本年は将軍方の行列のほかに、御息所《みやすんどころ》方の行列もあるべし。されば時宗・時輔とは、同格で御息所方にあるべし。

二、大仏流《おさらぎりゆう》北条朝直《ともなお》は、供奉人を止め、一段上級の役たる廻廊役を相勤むべし。

三、佐々木泰綱《やすつな》を諸役から省き、かわりに小山時長《おやまときなが》を召し加うべし。

将軍の意図は、露骨なまでに明らかだった。

老齢で剛直な佐々木泰綱は、時頼とは親密な関係にあった。その子頼綱の「頼」は、時頼の偏諱《へんき》だった。時頼とは烏帽子親子の関係だったのである。それが将軍から、嫌われたのである。

かわりに採用せよとされた小山時長は、正嘉《しょうか》二年（一二五八）四月二十五日に時輔室となった女性の実兄だった。つまり将軍は、時輔の肩を持ったのである。

そして時宗・時輔兄弟を将軍方ではなく、御息所方の行列に入れるというのは、得宗家を貶《けな》す狙いがあった。同時に兄弟を、同格にしようともしていた。さらに北条氏庶流の大仏流を、宗家の得宗家の上に置こうと図ったものだった。

とにかくすべてが、時頼の意図に反していた。全体として将軍宗尊親王は、時頼に反抗したということになる。名目だけの将軍というのに飽き足りなくなり、実際の権威や権力が欲しくなったのかも知れない。いずれにしても時頼あるいは得宗家に対して、挑戦してきたのである。

時頼の布告

直後、史料はないが、時頼が住む最明寺で、寄合衆の会が開かれたに違いない。そして同二十二日、決定事項として布告された。

一、小侍所の別当実時、所司の時宗は、当日のすべてを統轄する（時宗は御息所方の行列に供奉はしない）。

二、時輔も将軍方行列に供奉するが、時宗より一段低い随兵役である（時宗・時輔は同格ではない）。

三、原案にもなかった時宗の弟宗政も、将軍方行列に新加される（得宗家の重みが増す反面、大仏流重用はない）。

このとき注目すべきは、これが決定事項として布告されており、事前に将軍の了解を得てはいなかったということである。痛烈なまでに、将軍は無視されたのである。当然、負けたということを、将軍も痛感したに違いない。八月十五日の当日、将軍は所労ということで欠席したのが、せめてもの抵抗だったかも知れない。

しかし将軍は、まだ諦めてはいなかったらしい。ほぼ半年後の弘長《こうちょう》元年（一二六一）正月四日、またまた事件が起ったのである。

将軍の反抗続く

三日後の七日、将軍は鶴岡八幡宮に参詣する予定だった。そのさいの供奉人の交名を、御所奉行の二階堂行方《ゆきかた》が作成して、その散状《さんじょう》を御家人たちに回したのだが、その順序について時頼が激怒したのである。

「我が息男の順序、相模太郎（時宗）、同四郎（宗政）、同三郎（時輔）、同七郎（宗頼）と、すでに我れ定めおきたり。しかるに散状では、順序が相違したるなり」

直後、若干のすったもんだがあった。しかし最後は、時頼の一言に従うことになった。

「いまより以降、すべて太郎殿（時宗）は、兄（時輔）の上たるべし」

時宗に対する時頼の教育は、いわば帝王学だった。だから時宗は、兄よりも、さらに一般御家人たちよりも、上でなければならなかったのである。そして時宗は、その期待に答えるようになっていく。

弘長新制

そして弘長元年（一二六一）二月、関東新制ノ事書《ことがき》が発令された。のち「弘長新制」と呼ばれることになる幕政改革が、ついに本格化されたのである。

執権長時、連署政村の名で発令されていたが、真の発令者が時頼であることは、誰の目にも明らかだった。従来の幕令は「将軍家の仰せにより」と記されていて、発令者が将軍だと明記されていた。しかし「弘長新制」には、そのような辞句はなかった。将軍宗尊親王は、完全に無視されたのである。

かつての北条泰時の貞永式目は、五一ヵ条だった。今度の弘長新制は六一ヵ条で、さらに数十項目も付けられていた。時頼の熱意のほどが、よく窺《うかが》われる。

新制の内容

新制の対象は、幕閣の諸奉行人、一般御家人、そして御所の女房の三種で、それぞれ職務の精励、とくに質素倹約が強調され、奢侈《しゃし》が禁じられている。

杉材ではなく檜《ひのき》材を用いること。

障子の縁を紫にすること。
刀剣や甲冑に金銀を用いること。
馬具に虎・豹の皮を用いること。
狩衣《かりぎぬ》に紋を付けること。
衣裳に裏地を付けること。
御家人以外が鎌倉中で乗馬すること。
押し買い、迎え買いのこと。

ある意味では些細《ささい》に過ぎるようなことまで、事細かに規制されていて、ようやく鎌倉中期の文化爛熟に対応したということかも知れない。

時宗、小笠懸を披露

弘長新制発令直後の弘長元年四月二十三日、十一歳の時宗は結婚した。新妻は十歳の堀内殿、幕閣の重臣安達泰盛の妹だった。

その翌日、将軍夫妻が極楽寺重時の山荘に一泊した。そして翌二十五日、御家人たちの遠笠懸《とおかさがけ》が、夫妻に披露された。談論の間に、小笠懸《こかさがけ》が話題になった。

小笠懸の的は、五寸（一五センチ）の篠竹《しのだけ》に付けた四寸四方の板で、馬側馬手《めて》（右）直下に立ててある。これを馬を奔《はし》らせながら射るのである。きわめて難しい。

「故右大将家（頼朝）の御時は、多士済々たりと聞く」

「されど今、あまりに難しきが故に、名手はあらず」

このような将軍側近たちの会話を聞いた時頼は、つと立って将軍に話しかけた。

「小笠懸の名手、いま鎌倉になしと聞く。されど我が嫡男太郎時宗、もっとも得意なり。されば今、呼び出して披露せしめん」

その場が湧いた。久しぶりに小笠懸が見られる。しかも射手は、得宗時頼自慢の子時宗である。ただちに小町大路の時宗館（宝戒寺）に、使者が立てられた。

やがて、なにも知らずに馳せてきた時宗は、事を命ぜられると驚く風もなく、「畏《かしこ》まって候」と、あっさりと頷くと、すぐに支度をして馬を疾駆させると、いとも無雑作に矢を放った。その矢は誤たず命中して、的板は微塵に砕けて空に散った。鮮やかなまでの射芸だった。

しかも時宗は、矢が命中したか否か、振り返って確かめようともせず、そのまま馬を奔らせると、鎌倉に向けて馳せ去ったのである。命中するのが当然といわんばかりの自信であり、将軍に挨拶もしなかった点に、傍若無人ぶりが表われていた。

だから見ていた御家人たちは、いささか呆気《あっけ》にとられたの感があったが、しばらくはヤンヤの感嘆の声が止まなかった。

散々に息子を褒められた時頼は、このとき誇らしげに次のように言ったという。

「太郎時宗こそ、我が家督を嗣《つ》ぐべきの器なり」

時宗になされた時頼の帝王学は、ついに実を結んだといえるかも知れない。そして時宗は、最後の親孝行をしたということかも知れない。それから二年後の弘長三年八月、時頼は病床に伏したのである。

時頼の死

九月、十月と、しだいに病状は悪化し、そして弘長三年十一月二十二日の戌《いぬ》ノ刻（午後八時）、最明寺入道道崇、俗名は正五位下行前相模守北条流 平朝臣《たいらのあそん》時頼は、最明寺北亭で死んだ。ときに三十七歳。

袈裟衣を着て縄床に上り、座禅して少しの動揺の気なく、終焉のさいには叉手《しゃしゅ》して印を結び、口に頌《じゅ》を唱えて即身成仏《そくしんじょうぶつ》の瑞相《ずいそう》を現じていたという。一首の頌が、遺されていた。

業鏡、高く懸《かか》ぐ三十七年

一槌、打砕すれば、大道、坦然たり

これは、中国南宋の禅僧笑翁妙湛の頌を下敷きにしていた。妙湛の頌は「七十二年」とあるのを、時頼は「三十七年」としただけだったのである。

ちなみに妙湛が死んだのは、建長元年だった。その妙湛の頌を、時頼は知っていたのである。時頼が大陸のことに詳しかったことは、この一事でも察知できる。蒙古が南宋に迫っていたことも、当然、知っていたに違いない。

時頼廻国伝説

なお晩年の時頼が密かに諸国を廻国したと、『太平記《たいへいき》』『増鏡《ますかがみ》』『弘長記《こうちょうき》』および謡曲の「藤栄」「鉢ノ木」「浦上」などにある。

はるか江戸時代末期の僧竹尾覚斎は『即時考』において、「(時頼が)諸国を行脚せしと云は、実には偽妄にて、己が帰依せる禅僧を廻国せしめたものだろう」と言っている。

なお、北条泰時が承久ノ乱後、安芸国《あきのくに》に得宗被官平盛綱を派遣して、承久ノ乱に「京方シタルカ否ノ事」を調べさせたが、その盛綱は「安芸国巡検使」と呼ばれていたと、『鎌倉遺文』(三〇六六号)に見えている。

また異本の『北条九代記』には、時頼・時宗・貞時の三代にわたって、「廻国使」というものがあったと、記されている。

このようなことが、いわゆる時頼の善政ということと絡んで、時頼廻国という伝説を生じたのではないだろうか。

蒙古襲来と徳政

蒙古の襲来

得宗の代替り

いままでの得宗家《とくそうけ》の代替りには、必ず事件が起ってきた。しかし時頼《ときより》から時宗《ときむね》への代替りは、きわめて平穏だった。時頼が執権《しっけん》を辞して出家したとき、すでに代替りが行なわれていたからかも知れない。出家した後の時頼が、厳然と目を光らせていたからかも知れない。

いずれにしても時頼が死んでも、事件は起らなかった。いままでどおり執権は極楽寺《ごくらくじ》流《りゅう》北条長時《ながとき》、連署《れんしょ》は北条政村《まさむら》、小侍所《こさむらいどころ》別当《べっとう》は金沢流北条実時《さねとき》、そして時宗《ときむね》は小侍所の所司だった。時頼晩年の体制がそのまま続いたのである。

安達泰盛の台頭

ところが翌年の文永《ぶんえい》元年（一二六四）五月、一番引付頭人《ひきつけとうにん》の大仏《おさらぎ》流北条朝直《ともなお》が、老齢で死ぬと、六月、若干の人事移動があった。二番引付頭人の名越《なごえ》流北条時章《ときあき》が一番頭人に、三番頭人の金沢実時が二番頭人にと、順送りに昇格したのである。

このような順送りの昇格は、誰もが予期していたことだった。しかし三番頭人に平《ひら》の評定《じょう》衆《しゅう》だった安達泰盛《あだちやすもり》が登用されたのは、諸人には意外だったかも知れない。「北条幕府」といいたいほど幕府の要職は北条一門が占めていたのに、一人泰盛は外様《とざま》だったからである。

時宗連署となる

直後の同七月、長時が病気で執権を辞任すると、八月十一日、また人事移動があった。

いままで連署だった政村が執権になったのは、順当な順送りだった。しかし連署になったのが十四歳の時宗だったことは、世人の注目を集めたに違いない。

続いて十月二十五日、越訴《おっそ》奉行という職が新設されて、金沢実時と安達泰盛の二人が任じられた。

ちなみに北条泰時の晩年のころから、訴訟事務の渋滞、再審要求の増加ということが、幕閣の問題となっていた。北条経時《つねとき》が評定衆を三番編成とし、それぞれの番の開催日を定め（訴論沙汰日結番制）、時頼が評定衆の下に引付衆を新設したのも、この問題の解決を図ってのことだった。

そして今、政村・時宗政権は、越訴奉行という職を新設して、再審関係だけを専門に担当させることにしたのである。問題の解決に一段の努力をしたということになる。

さらに重要なのは、外様の安達泰盛を、さきには三番引付頭人に昇格させ、いま新設の越訴奉行の一人に登用したということだった。時宗室の実兄だったから、当然の人事だともいえる。しかし北条一門の要職独占に対する外様御家人たちの批判を、逸《そ》らそうという狙いもあったのかも知れない。

時輔、六波羅探題となる

続いて、また新人事があった。時宗の兄時輔が、六波羅探題《ろくはらたんだい》南方《みなみかた》に任じられたのである。

ちなみに六波羅探題南方は、仁治《にんじ》三年（一二四二）正月、佐介《さすけ》流北条時盛《ときもり》が辞任してから以降、二二年間も空席だった。六波羅探題府は北方《きたかた》がすべて取りしきっていて、いわば南方は不用とさえ見られていた。

その南方に、時輔が任じられたのである。北方として常盤《ときわ》流北条時茂《ときもち》が在任していたから、得宗一門ではあっても、時輔は時茂の下僚ということになる。

弟時宗に鎌倉から追い払われた時輔は、同十一月九月、入洛着任している。

政村・時宗政権が以上のような人事を行なっていたとき、もっとも注目すべきは、将軍宗尊《むねたか》親王が、どれにも関与していなかったということである。そのためもあってか、将軍側近の公卿たちと政村・時宗たちとの間に、しだいに対立が生じてきていた。

将軍宗尊親王の反発

文永《ぶんえい》二年（一二六五）の元旦は、年頭から揉め事だった。時宗が御家人を代表して、酒肴を将軍に献上し、もって忠誠心を示すという垸飯《おうばん》に、将軍が欠席したのである。しかし垸飯は、将軍抜きで強行された。

もちろん将軍にも、言い分はあった。日蝕があるはずだから、将軍の体を日蝕にさらすわけにはいかないというのである。しかし当日は雨だったので、日蝕にはならなかったのだから、将軍の言い分は通らないだろう。

直後、京都から急報が入った。延暦寺と三井寺とが、合戦しそうだというのである。政村・時宗らは、すぐに評定衆を集めて、臨時の会議を開いた。事実上、本年最初の評定始めだった。

しかし直後、将軍から反論があった。

「いわゆる評定始めには、酒宴あるを常とす。しかるに先日の評定衆会議には、会議のみにて酒宴なし。されば先日の会議は、評定始めとは云い難し」

〝だから、正式に評定始めの酒宴をしよう〟というのである。やむを得ず、政村・時宗らは、また評定始めを行なっている。

このような些細《ささい》な事件が、文永二年には一年間を通じて頻発した。八月十五日の幕府恒例の放生会《ほうじょうえ》に欠席した将軍が、同十六日の流鏑馬《やぶさめ》には、突然、出席してきたなどは、その一例である。

引付衆の廃止

このような情況の下で、またまた将軍派と得宗派ともいうべき二派が形成され、水面下で対立するようになっていた。そして引付衆《ひきつけしゅう》九人のうち、六人までが将軍派であることも、しだいに判明してきた。

そして文永三年（一二六六）三月六日の早暁、もっとも将軍に信頼されていた近侍の木工権頭《もくごんのかみ》親家《ちかいえ》が、密かに将軍御所を抜け出して、京都に向かった。

その直後、まさにその直後、そのことを得宗派の面々が知った。必然的に疑心に、暗鬼が生じた。将軍宗尊親王が父帝後嵯峨上皇と、なにごとかを画策していると思われた。

対応の措置は、電光石火だった。その日のうちに、思い切った処置がとられた。引付衆の廃止解散である。かわって重事は執権・連署の直断となり、細事は問注所が扱うことになった。いずれにしても将軍権力の牙城になりつつあった引付衆は、解任された。

将軍室の風聞

それから三ヵ月後の六月五日、木工権頭親家が、京都から帰ってきた。後嵯峨上皇から息子の将軍にあてた「諷詞《ふうし》（忠告）」がもたらされた。公表はされなかったが、将軍室の近衛宰子《さいし》に関することだったらしい。ちなみに京都朝廷で大外記《だいげき》を世襲している中原家に伝わる『外記日記《げきにっき》』（『新抄』とも）には、次のように記されている。

関東将軍家御休息所（宰子）、日来□□□殿僧正良基露顕。

「日来」の下の三字分の□は、虫喰いではなく、最初から伏字《ふせじ》だったらしい。書くのも憚かられるような文字だったのであろう。なお大外記という職は、詔勅の校正などを任とする外記局の長官だったから、多くの機密を知り得る立場にある。

伏字三字分の下は、当然、「松」であろう。つまり「□□松殿僧正良基」である。残る二字分の□□としては、「密通」あるいは「密懐」という文字しか、考えつかない。つまり全文は次のように読めるのではないか。

関東将軍の御休息所《みやすんどころ》、日頃、松殿僧正良基と「密通」せること、露顕せり。

ちなみに松殿僧正良基は、将軍御所の験者だったから、あり得ないことではない。何故か事情を知った後嵯峨上皇が、木工権頭親家を通じて、なにごとかを将軍に忠告したのである。さきに密かに親家が上洛したのは、反得宗の陰謀ではなかったのである。

そして六月二十日、時宗館で寄合衆《よりあいしゅう》の会が開かれた。時宗、政村、実時に安達泰盛が出席していた。その直後、松殿僧正良基が御所を逐電した。

将軍更迭

そして二十三日、宰子が時宗の山内殿に逃げ込んできた。将軍と夫婦喧嘩したらしかった。その直後から、鎌倉中を軍兵が馳せ廻るなど、異常な混乱が続いた。やがて人々は、宰子が時頼の猶子《ゆうし》だったこと、つまりは得宗時宗の義姉にあたることに、気がついたようだった。

そして文永三年七月、宗尊親王は女房輿で御所から担ぎ出され、やがて京都に戻って行った。かわって息子の惟康《これやす》王が、七代将軍となった。

蒙古の牒状届く

その翌月、大陸では大変なことが起っていた。蒙古の皇帝クビライが、第一回目の招諭使を、日本に送り出したのである。しかし高麗の陰謀で、これは日本には到達しなかった。直後、クビライは、二回目の使者を送り出した。

そして文永五年（一二六八）元旦、高麗王の使者潘阜《はんふ》一行が博多に着き、蒙古と高麗の牒状《ちょうじょう》各一通と潘阜自身の上申書を、大宰府に提出した。

これを受け取った大宰少弐資能は、これを早飛脚で鎌倉に送った。鎌倉に着いたのは、閏《うるう》正月八日だった。

直後、寄合衆の会議が開かれたに違いないが、史料上では確認できない。そして二月七日、幕府差遣の使者が、牒状などを朝廷に提出した。外交権は朝廷にあると、幕府も認めていたのである。

牒状の内容

蒙古の牒状の趣旨は、〝とにかく付き合おうよ〟というに尽きる。南宋攻撃に手を焼いていた蒙古は、南宋包囲網に日本を組み込みたかったのである。

だから牒状の文体も、決して傲慢無礼というほどではなかった。書き止めの文言も、対等の関係を示す「不宣」だった。しかし「蒙古国皇帝」に対して、「日本国王」が「小国の君」とされている程度には、無礼でなかったわけではない。

返牒せずと決定

朝廷で問題になったのは、「兵を用いるにいたっては……」とあった点らしい。脅迫と受け取られたのである。いずれにしても公卿たちは、幾度となく会議を重ねた。議論の焦点は、〝返牒するや否や〟だった。

そして二月十九日、ようやく朝議は決した。返牒せずである。熱血関白近衛《このえ》基平《もとひら》が、強硬に自説を通したのである。

当然、蒙古が攻めてくることが予想された。直後、伊勢神宮などに、異国降伏の祈禱が命ぜられた。

図15　北条時宗（『一遍聖絵』より。清浄光寺・歓喜光寺所蔵）

幕府の対応

この間、鎌倉はどうしていたか、まったく判らない。大きな混乱などは、起らなかったようである。むしろ幕閣では、早くから方針は決定していて、その方針と朝議とが一致するかどうか、冷静に見守っていた気配が感じられる。

だから朝議が〝返牒せず〟と決定したという急報が入ると、それは幕閣の方針と一致したらしく、同二十七日、西国の守護たちに警戒警報が発せられた。

続いて三月五日、時宗と政村とが職務を交換した。十八歳という年少気鋭の時宗が執権になり、六十四歳の老練の政村が、これを補佐することになったのである。

蒙古使の来訪続く

そして文永六年二月十六日、二度目の蒙古使が対馬に着いた。急報を受けた朝廷では、やがて〝返牒すべし〟と決まったが、直後、鎌倉から〝返牒せず〟との方針が示されると、すぐに従っている。

直後の四月二十七日、三年ぶりに引付衆が、五番編成で復活した。五番頭人は安達泰盛だったが、他の四人の頭人は、すべて北条一門だった。

そして文永六年九月十七日、三度目の蒙古使が、対馬に着いた。また朝廷では〝返牒すべし〟ということになって、下書きまで用意された。しかし直後、鎌倉から〝返牒せず〟と示されると、今度もすぐに従っている。

民心の緊迫

ところで『鎌倉大日記《おおにっき》』には、文永七年（一二七〇）正月十一日、「蒙古船、対馬に寄せ来たる」とある。もちろん流言であって、事実ではない。しかし民心が脅えていたから、このような流言も飛びかったのであろう。そして同正月二十七日、六波羅探題北方《きたかた》の北条時茂《ときもち》が死んだ。以降、翌八年十一月まで、六波羅探題は南方の時輔《ときすけ》だけということになる。朝廷の和親返牒派の影響を、時輔はもろに受けることになる。

九州の防備を命ずる

そして文永八年（一二七一）九月十三日、九州に所領のある御家人に、幕府は九州下向を命じた。もちろん蒙古襲来に備えたのである。直後の九月十五日、博多湾の今津に、四度目の蒙古使が来た。今度も朝廷は〝返牒〟としたが、幕府から〝返牒せず〟とされると、また従っている。しだいに外交権も、幕府が握って行くようだった。

続いて十一月二十七日、六波羅探題北方に任じられた赤橋流北条義宗が、急《せ》き立てられるように鎌倉を出立した。朝廷の返牒案に同調しがちに見える時輔を、補強監督する狙いがあったのかも知れない。

同じころ、三前二島（筑前・肥前・豊前、壱岐・対馬）の守護少弐経資《しょうにつねすけ》に、沿岸警備が命ぜられ、豊後国守護の大友頼泰《おおともよりやす》に、少弐経資加勢が下知《げち》された。

後嵯峨院の病気と和親派の陰謀

しだいに情況が緊迫していくなか、京都で新事態が生じた。文永八年の夏ごろから、院政の主後嵯峨院《ごさがいん》が病気になり、悪化の一途を辿っていたのである。これに和親返牒派の公卿たちが、目をつけたらしい。

ちなみに幕府のお蔭で天皇になれた後嵯峨院は、幕府に従順だった。幕府が〝返牒せず〟とすれば、素直に従ったのである。

その後嵯峨院が崩御《ほうぎょ》ということになれば、大覚寺統《だいかくじとう》の亀山天皇の親政ということになる。亀山天皇は豪放磊落《ごうほうらいらく》かつ不羈奔放《ふきほんぽう》である。当然、時宗の指示に従わず、朝議は和親返牒ということになる。

もちろん時宗は、黙ってはいないだろう。それこそ好機である。違勅ということで天下に号令すれば、得宗専制に反対の武士たちが全国で挙兵する。

いささか妄想めくが、陰謀派が考えたのは、こんなことだったかも知れない。つねに得宗派に楯突く名越流の北条教時《のりとき》や、時宗に京都へ追い払われた時輔《ときすけ》なども、これに加担していたらしい。

二月騒動と幕閣の刷新

この陰謀は、やがて時宗に洩れた。対応は素早かった。文永九年（一二七二）二月十一日、まず名越教時が鎌倉で討たれ、同十五日、六波羅探題北方の赤橋義宗《あかはしよしむね》に時輔が討ち取られた。二月騒動である。

二日後の同十七日、後嵯峨院が崩御した。まことにきわどかったのである。直後、鎌倉では事後処理で、忙しくなった。時宗の弟宗政が、引付衆を経ずに評定衆になったのも、それだった。

多忙のなかで連署の政村が、文永十年五月に死んだ。塩田流北条義政が後任の連署に就任したのは、実に二ヵ月もたってからだった。幕閣に、なにごとかがあったのである。

文永ノ役

そして文永十一年十月、彼らは来た。五日に対馬を襲った蒙古勢は、十四日に壱岐に侵攻し、十九日には博多湾に侵入して来たのである。文永ノ役

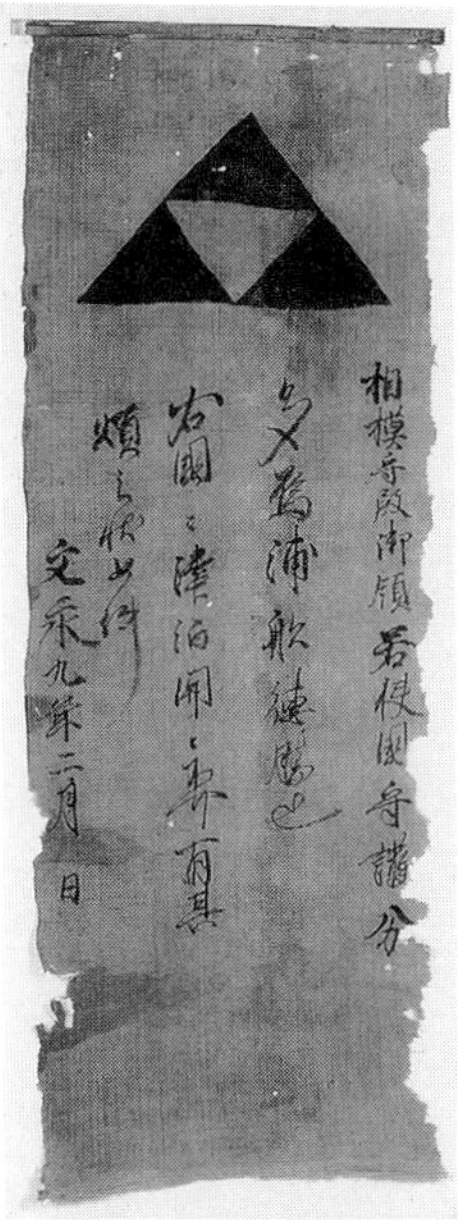

図16　得宗過書船旗（若狭国多烏浦の船徳勝丸に、諸国通行税免除を保証したもの。上部の三鱗は北条氏の家紋、二月騒動の月の日付を有す。京都大学総合博物館所蔵）

である。

集団戦法、毒矢、槍、鉄砲など、慣れない戦いに敗れた日本軍は、水城《みずき》まで退却した。しかし翌朝、彼らは立ち去っていた。威力偵察だけが、目的だったかららしい。

この間、急報を受けた時宗は、

「非御家人であっても、軍功あらば抽賞《ちゅうしょう》せん」

と布告している。幕府執権としての権限を、幕府外にも及ぼそうとしたのである。

再度の蒙古使を斬る

翌年二月に南宋を滅ぼしたクビライは、文永ノ役で日本が懲《こ》りたものと考え、またも使者を送ってきた。しかし四月十五日、長門国室津《ながとのくにむろつ》（豊浦町《とようら》）に着いた一行は、その場で住民たちに捕えられて惨殺された。わずかに生き残った主立った五人も、鎌倉に送られて斬られた。

高麗遠征計画

直後、幕閣に高麗遠征案が浮上した。専守防衛論も強硬だったが、やがて建治《けんじ》元年（一二七五）十一月、遠征案が勝った。実時の三男金沢実政が、遠征軍の指揮をとるために、鎌倉を出立したのである。

しかし実政は十七歳でしかなかったから、形式上の指揮者だと思われる。実際に外征するのは、少弐、大友あるいは安達などの外様が、想定されていたらしい。

いずれにしても外征の準備が、着手された。西国諸国で水手《かこ》、梶取《かんどり》および兵員の量が調査され、守護の交替が相次いだ。周防・長門の守護は時宗の弟宗頼で、時宗自身も備中《びっちゅう》・播磨《はりま》の守護を兼任している。

専守防衛策に変更

ところが熱心な外征案派だった金沢実時《かねざわさねとき》が病気になると、専守防衛論が台頭してきた。そして建治二年三月、外征に従軍しない者たちに対して、博多湾沿岸に防衛用の石築地《いしついじ》の築造が命ぜられた。

注目すべきは、先制外征案と専守防衛論との対立が、たんなる政策上の問題ではなく、北条一門と外様御家人の対立だったことである。つまりは国内問題だったのである。

そして十月二十三日、金沢実時が死んだのは、決定的だった。直後の十二月、赤橋義宗が六波羅探題を罷免され、建治三年四月、塩田義政が、突然、連署を辞任したのである。北条一門の外征案が敗れて、専守防衛論が勝を制したのである。つまりは安達泰盛ら外様御家人の勢力が、大きく浮上してきたということだった。

そして弘安《こうあん》二年（一二七九）十月ごろ、東国武士たちが、京都を通って九州に下って行った。もちろん九州防衛のためだった。博多に着くと、弘安三年五月のころから、彼らはしきりと高麗南岸を掠領《りゃくりょう》し始めた。もちろん情報蒐集が目的だった。

そして弘安四年（一二八一）五月、また彼らは来た。二十一日、蒙古勢が対馬に上陸してきたのである。続いて壱岐を席捲するや、六月六日、博多湾に侵入してきた。しかし今度は、上陸はできなかった。石築地が上陸を阻止したのである。

弘安ノ役

やがて蒙古勢は、壱岐に退却した。これを追った日本側との間に、壱岐島瀬戸浦海戦が展開された。

このとき、急報が入った。蒙古勢に新手が加わったというのである。のちに判ったことだが、先に到着していたのは高麗を出発した東路軍、そして新手というのは、中国から出撃した江南軍だった。

やがて七月三十日、両軍は肥前鷹島《ひぜんたかしま》沖に集結した。兵船四四〇〇艘、兵員は一四万。さきの文永ノ役のときの四ないし五倍だった。狭くて暗礁の多い平戸湾は、蒙古の兵船で満たされた。

この夜、大暴風雨となった。蒙古の兵船の大半が覆没した。弘安ノ役である。

この前後のころ、時宗は強度の神経症になっていたらしい。宋僧無学祖元《むがくそげん》から、

「莫妄想《まくもうぞう》（妄想するなかれ）」

と、一喝されたという。

外様御家人と御内人

外様御家人の台頭

建治《けんじ》三年（一二七七）四月、塩田義政《しおだよしまさ》が連署《れんしょ》を辞任してから以降、時宗《ときむね》は後任の連署を置かなかった。だから弘安ノ役のさいは、いわば時宗の独裁政権のようだった。

しかし時宗政権の実態は、そのようなものではなかった。時宗の弟宗政《むねまさ》に率いられた北条一門と、安達泰盛《あだちやすもり》を代表とする外様御家人《とざまごけにん》との均衡の上に、成り立っていたのである。

しかし弘安ノ役直後の八月九日、その宗政が死んだ。北条一門の勢力は大きく後退し、かわって安達泰盛ら外様御家人の勢力が、大きく躍進してきた。

このような情況の中から、また持ち出されたのが、高麗遠征案だった。出家して信濃国塩田荘（上田市塩田）に隠栖《いんせい》していた塩田義政が、案外の黒幕だったかも知れない。もと連署だっただけに、政治力にも富み、その案も具体的だった。

高麗遠征計画の内幕

「少弐経資《しょうにつねすけ》、大友頼泰《おおともよりやす》のいずれかを大将軍にし、筑前、肥前、肥後三ヵ国の御家人に、大和・山城両国の悪党五十六人を加えて、遠征軍を編成すべし」

「三ヵ国」のうちに、肥後国が含まれている点が、重要だった。肥後国の守護は安達泰盛だったからである。肥後国の御家人が遠征軍の一翼ということになれば、泰盛が参陣しないはずはないのである。

また「大和・山城両国の悪党五十六人」というのも、見逃すわけにはいかない。幕閣を悩ませ始めていた悪党を、外国に送り出してしまえばよいということである。勝てば勝ったでよいし、負けたら悪党問題の解決ということになる。

むしろ今度の遠征案は、負けることを予想して樹《た》てられていたらしい。悪党問題の解決と同時に、安達、少弐、大友などの外様御家人を、一挙に葬り去るのが狙いだったのではないか。日本史上の外交が、ほぼすべて国内問題のすりかえだったという一例である。

ところが弘安四年（一二八二）十一月二十七日、塩田義政が死んだ。高麗遠征案は宙に消え、幕府の基本方針は、安達泰盛らの専守防衛ということになった。

専守防衛を継続

蒙古が三度目の日本侵攻を図っていることが、幕閣には判っていたのである。そのつどクビライの子の死、占城《チャンパ》の反乱、緬国《ビルマ》の反抗、南宋遺臣の乱等々があって、ついに三度目はなかったが、日本側が不注意であってはならなかった。

ちなみに弘安ノ役では、対馬、壱岐、鷹島《たかしま》などは、蒙古兵に上陸された。しかし博多は、ついに上陸を許さなかった。総じて蒙古勢は、台風シーズンのなか、七十余日も海上にあったのである。これが、日本側勝利の原因だった。

恩賞地不足

文永・弘安ノ役では鎌倉武士が、多数、軍功を挙げた。また敵国降伏を祈った寺社にも、行賞しなければならないことになる。

かつて五年間の源平合戦では、五百余所の没収地があった。また三一日間の承久ノ乱では、なんと三千余ヵ所の没収領があった。しかし文永・弘安両度の役では、一所の戦利品もなかった。

時宗は工面に困って、自領の肥前《ひぜん》国神崎《かんざき》荘（神崎町）などを放出している。三〇〇〇町といわれる神崎荘を、二ないし三町程度に細分して、恩賞地にしたのである。しかし手柄

図17　安達泰盛（『蒙古襲来絵詞』より。宮内庁三の丸尚蔵館所蔵）

のあった者を、充分に満足させることは不可能だった。

このようなところから、時宗は鎌倉に円覚《えんがく》寺《じ》を建てた。敵味方の戦死者の供養が、目的だった。落慶《らっけい》供養《くよう》は、弘安五年十二月八日だった。開墓は時宗、開山は無学《むがく》祖元《そげん》である。

安達泰盛の権勢

しかし晩年の時宗がもっとも心を労したのは、妻の兄安達泰盛の権勢だったかも知れない。引付衆《ひきつけしゅう》、評定衆《ひょうじょうしゅう》、引付頭人《とうにん》、越訴奉行《おっそぶぎょう》、恩沢《おんたく》奉行から、弘安五年七月には北条一門に限られていた陸奥守《むつのかみ》に任ぜられている。弘安六年には、一族から評定衆、引付衆ともに二人ずつで、泰盛の子宗景《むねかげ》は、引付衆にあること一年で、わずか二十五歳で評定衆に昇格している。

北条一門の後退と時宗の死

安達一族の勢力伸張は、そのまま北条一門の勢力後退だった。時政、義時、泰時、(時氏)、経時、時頼と、歴代が営々として築いてきた北条氏得宗家《とくそうけ》の勢力が、いまや崩れかかっていた。

弘安四年四月、それまでの六年間、連署なしだった時宗が、極楽寺流北条重時《しげとき》の七男兼《かね》時《とき》を連署に任じた。ついに疲労を感ずるようになっていたのだろうか。

そして弘安七年四月四日、時宗は死んだ。まだ三十四歳という若さだった。法名は法光寺殿道果大禅定門。直後、円覚寺境内の奥に、墓所として仏日庵が建立された。

泰盛の実権掌握と弘安徳政

直後、一子貞時が、得宗家の家督を嗣いだ。しかし十四歳という若年だったので、母の兄安達泰盛が、事実上、幕政の実権を掌握した。晩年の時宗が憂慮していたかも知れない事態が、ここに現出したのである。

そして五月二十日、「新御式目《しんごしきもく》三十八ヵ条」が出た。「式目」とはいうものの法令ではなく、将軍惟康《これやす》王と得宗貞時とに対し、それぞれが遵守すべきことを列挙したもので、まさに違例のものだった。

さらなる得宗の権力伸張の防止と、将軍権威の回復強化とを、泰盛が狙っているのは明らかだった。そして泰盛の狙いが成功すれば、北条一門や御内人《みうちびと》（得宗被官）の勢力は後退し、将軍に直属する外様御家人の立場が強まることは、目に見えて明らかだった。のち「弘安徳政」と呼ばれることになる幕政改革が、ここに始まったのである。

佐介流北条氏の陰謀事件

当然のことながら、すぐに反動が生じた。流祖時房《ときふさ》以来、得宗家に随順だった佐介《さすけ》流北条氏の時光《ときみつ》・時国《ときくに》の叔甥が、清和源氏頼親流の僧兵満実《まんじつ》法師を語らって、なにごとかを画策したのである。

しかし、すぐに事は洩れた。六波羅探題南方《みなみかた》として在京していた時国は、六月に鎌倉に呼び下されて捕えられ、八月十三日、常陸《ひたち》で斬られた。続けて叔父の時光も、捕えられて佐渡に配流《はいる》された。

貞時の執権就任

その間の七月、得宗貞時が執権に就任した。しかし泰盛は貞時の母の兄ということで、その権勢は、一段と強化された感があった。

それからの約一年半に、泰盛は実に九十余条もの法令を出している。いずれも将軍権力の強化と、将軍と御家人との主従制の再建とを図ったものだった。つまりは頼朝のころの将軍独裁制か、あるいは北条泰時のころの執権政治かが、泰盛の理想のようだった。

必然の結果として、幕閣で泰盛を支えるのは、体制内諸機関の事務官僚ということになり、これを武力的に支持するのは、一般外様御家人ということでなければならない。

得宗専制と御内人の権力

しかし現実の幕政は、時頼・時宗と二代続いて、すでに得宗専制が成立していた。体制内の諸機関は形骸化して実権を失い、評定衆・引付衆などは栄爵化して、これまた政務の実権を持たなくなっている。

幕府の全権力は得宗という立場に集中され、幕政は寄合衆とか御内人（得宗被官）という体制外の組織によって、運営されている。いま得宗貞時が若年なので、御内人の代表者であり得宗家執事の平頼綱が、少年得宗貞時の権力を代行していたのである。

つまり安達泰盛の権力も平頼綱の権力も、ともに得宗貞時に由来しているのだった。泰盛は貞時の母の兄、頼綱は御内人代表である執事であり、貞時の乳母夫だったのである。

泰盛と平頼綱の対立

当然の勢いで、安達泰盛と平頼綱とは対立した。『保暦間記《ほうりやくかんき》』には、次のように記されている。

泰盛、権勢ノ仁ニテ、得宗ノ外祖ノ義タレバ、イヨイヨ憍《おご》リケリ。ソノ頃、得宗貞時ノ御内管領ニ、平頼綱ト申スアリ。貞時ノ乳母夫ナレバ、マタ権政ノ者ニテアリ。ココニ泰盛・頼綱、仲悪シクシテ、互イニ失ワントス。トモニ種々ノ讒言ヲナス。

大人《おとな》である泰盛と頼綱とが、交互に十五歳の貞時に相手の悪口を言ったという点に、注目される。まだ得宗専制が続いていて、幕政の全権を少年貞時が握っていたのである。

讒言合戦で勝ったのは、頼綱だった。泰盛の次男宗景が、

〝我が曾祖父景盛殿は、頼朝卿の御落胤なり。されば我れは、藤氏にあらず、源姓なり〟

と言い触らしたとして、

〝泰盛父子の逆心、すでにあらわれ候。藤氏を源姓に改めしこと、将軍にならんとのことなり〟

と貞時に焚きつけて、ついに安達氏追討の下知をかち取ったのである。二人の対立は、ついに火を発した。

そして弘安八年（一二八五）十一月十七日、二人の対立は、ついに火を発した。弘安合戦《こうあんかっせん》、あるいは霜月騒動《しもつきそうどう》という。

霜月騒動

この日の巳《み》ノ刻（午前十時）ころまで、泰盛は「松ヵ丘（佐助一丁目十九番ヵ）」の館にいた。鎌倉のどこかで、騒ぎが起っていた。異常を感じた泰盛は、「塔ノ辻の館（甘縄神社前ヵ）」に行き、申《さる》ノ刻（午後四時）ころ、そこにいた子息や郎等若干を供にして、貞時の執権館（若宮大路東側北端）に入った。

そのとき、事件が起った。平頼綱ら御内人の面々が、武装して待ち構えていたのである。子息ともども生け捕られた泰盛は、その場で誅殺《ちゅうさつ》された。

外様御家人と御内人との合戦

直後、合戦となった。事を知った外様御家人たちが、追っ取り刀で執権館に攻め込もうとしたのである。生け捕られた泰盛を、助け出そうとしたのかも知れない。もちろん御内人軍も、これに応戦した。

ちなみに御内人というのは、将軍の家臣である北条氏のそのまた家臣、つまり身分的には陪臣《ばいしん》である。一般御家人より一段下位だということで、平常から軽視されている。そのことへの怨みや憎しみが、御家人勢に攻められて爆発したようだった。凄い勢いで御家人勢に応戦すると、瞬時にして反撃に転じたのである。

執権館に攻めかかった外様御家人勢は、たちまちに射竦《いすく》められ斬り立てられて、すぐに敗退した。しかし怒り狂った御内人軍に、容赦はなかった。敗走する外様勢を追撃して随所で外様の館を焼き払い、煙に噎《む》せて逃げ出るのを片っ端から斬り殺した。

討たれた御家人たち

その夜の鎌倉は、狂気が支配していた。すでに合戦ではなく、虐殺だった。執権館南隣の将軍御所（清川病院）も焼け落ちていたが、その脇を通って次々に執権館に注進されてくる外様御家人討死の交名《きょうみょう》は、次のようだった。

大曾禰宗長　安達宗景　安達長景　小笠原泰清　安達時景　伴野長泰　小早河信平　田中五郎　田中知泰　二階堂行景　大江泰広　三科蔵人　大曾禰義泰　伊賀景家　天野景村　行方少二郎　芦名泰親　芦名時守　鎌田弥藤二　足立直元　武藤景泰　小笠原長廉　有坂三郎　伊藤太郎　秋山の人々　武藤四郎　三浦頼連　美作三郎　綱島二郎　城宗顕　城左衛次郎　池上藤内　南部政連　吉良満氏　伴野盛時　武田弘俊　鳴海長時　加賀六郎　城七郎

安達側として討取られた外様御家人の名前に、「泰」と「景」の字が多いことに注目される。義景・泰盛の安達氏二代を烏帽子親として元服した者が、含まれていたかも知れない。泰盛の権勢の基盤の一端が、垣間見られるようである。

合戦は全国に及ぶ

いずれにしても血腥《ちなまぐさ》い夜は明けたが、まだ狂気は鎮まらなかった。鎌倉のあちこちで、殺戮が続いていた。それどころか安達氏与党の本拠のある信濃・常陸・三河・播磨・美作《みまさか》・因幡《いなば》、そして遠く九州の筑前《ちくぜん》や肥後《ひご》にまで、討手が差し向けられた。信濃の伴野《ともの》氏と小笠原氏、三河の足助《あすけ》氏、安芸の小早河氏、近江の佐々木氏、常陸の加志村氏などである。

武蔵では武藤少卿左衛門尉が自害した。遠江《とおとうみ》では泰盛の甥《おい》安達宗顕《むねあき》が自刃した。常陸では泰盛の弟重景が切腹した。信濃では伴野長直《ながなお》が自害した。泰盛の嫡男盛宗は、九州博多で殺された。筑前岩門城では、少弐経資が弟景資を攻め殺している。

こうして霜月騒動は全国に波及して、外様御家人の勢力は完全に失墜し、幕府は御内人《みうちびと》集団のものとなった。この時点で得宗専制は、御内専制に転じたといえるかも知れない。

泰盛娘千代能の出家

このとき微妙な立場にあったのは、金沢《かねざわ》流北条顕時《あきとき》だった。身は北条一門ではあったが、妻は泰盛の娘千代能《ちよの》だったのである。

事件の当日に召し籠められた顕時は、同二十二日、下総《しもうさ》国埴生《はぶ》荘（成田市）に配流された。

そして千代能は、離別されて出家し、如大禅師無着尼と名乗り、円覚寺開山の無学祖元に師事して、近くに小庵を構えた。

かつては多くの侍女にかしずかれた身が、いまは自分で水を汲んで、食事の支度をしなければならない。ある日、いつものように水を汲んだら、桶の底が抜けて、水はこぼれてしまった。このとき千代能は、次のように詠じたという。

千代能が　いただく桶の底抜けて　水たまらねば　月もやどらず

これにちなんだ「底抜ケノ井」は、鎌倉十井の一つで、海蔵寺の門前にある。

やがて永仁《えいにん》元年（一二九三）十月、顕時は赦されて鎌倉に帰り、幕府執奏にも取り立てられる。翌年十月には、千代能が生んだ長子貞顕《さだあき》は、左衛門尉になって、東二条院の蔵人に任じられる。しかし千代能は、ついに顕時にも貞顕にも会わなかったという。

平頼綱の権力掌握

いずれにしても弘安合戦は、惨烈をきわめた。それを指揮したのは、少年得宗貞時を擁した得宗家執事の平頼綱《よりつな》だった。〝やり過ぎた〟と感じたのかどうか、翌年、平頼綱は出家している。法名は杲円《こうえん》、世に平禅門という。

それでも頼綱は、権力は手放さなかった。その政治は、きわめて峻烈だった。頼綱が布いた恐怖政治について、一公卿は「城入道（泰盛）、誅せらるるの後、彼（頼綱）の仁、一向に執政し、諸人、恐懼《きょうく》の外、他事なし」と記している。

その頼綱が意外なことをしたのは、弘安十年だった。さきに臣籍に降って源惟康《みなもとのこれやす》となっていた将軍を、皇籍に戻すよう朝廷に願い出たのである。

もちろん、すぐに勅許が下った。同十月四日、七代将軍は二品親王になったのである。自分が戴く将軍が皇族だということで、頼綱は自分の権威づけを図ったのかも知れない。

将軍更迭と得宗の権威づけ

ところが正応《しょうおう》二年（一二八九）九月、さらに意外なことが起った。将軍惟康親王が、京都に追却されたのである。そして十月、持明院統《じみょういんとう》の後《ご》深草上皇《ふかくさじょうこう》の第六皇子の久明《ひさあきら》親王が、八代将軍として鎌倉に下着している。これも頼綱を首班とする御内専制政権に、なにほどかの権威を与えたかも知れない。

同じように頼綱は、直接の主君貞時にも、箔《はく》をつけようとしている。将軍の代替り前の正応二年正月、すでに貞時は十九歳で正五位下となっていたが、半年後の同六月には従四位下に昇叙されている。

ちなみにこれは、破格のことだった。かつての義時の従四位下、泰時の正四位下をのぞくと、歴代の得宗の極位は、みな正五位下だった。頼綱は貞時に、この壁を乗り越えさせたのである。

時輔遺児を処刑

正応三年十一月、鎌倉に事件があった。かつて時宗の命で殺された時《とき》輔《すけ》の遺児が、佐原流三浦頼盛の館を、忍んで訪れたのである。だから頼盛は、すぐに搦め取って幕府に突き出した。盛時・頼盛と父子二代、すでに御内人《みうちびと》である。そして時輔の遺児は、さまざまに拷問された挙句、その月のうちに首を刎《は》ねられている。その名前すら、今に伝わってはいない。これも、頼綱の恐怖政治の一例である。

御内人による恐怖政治

外様御家人たちを怖れさせたのは、頼綱が御内人に彼らを指揮監督させたことだった。

九州統轄のため博多に置かれていた鎮西談議所《ちんぜいだんぎしょ》は、少弐、大友、宇都宮、渋谷など、外様御家人が奉行だった。その奉行のうちに〝依怙《えこ》の沙汰あり〟と密告があったのは、正応四年二月だった。すぐに実情調査のため、御内人の尾藤内左衛門入道と小野沢亮次郎入道とが、九州に派遣された。

同年八月、寺社と京下りの訴訟事務が渋滞しているというので、引付衆や奉行は急ぎ沙汰するよう命じられた。このとき飯沼資宗、大瀬惟忠、長崎光綱、工藤果禅、平宗綱の五人が、引付衆や奉行に緩怠がないかどうかを監督する権限を与えられている。五人とも御内人だった。

このような例は、泰時の巡察使、時頼・時宗の廻国使に連なるものだろう。引付衆や奉行ですら指揮監督されたのだから、一般の外様御家人に対しては、さらに厳しかったと思われる。

このような強権を振るう御内専制の首班が、得宗貞時を擁する平頼綱だった。当然のことながら彼の権力は、きわめて強大だった。頼綱の権勢について『保暦間記《ほうりやくかんき》』は、「平左衛門（頼綱）入道杲円、憍《おご》りのあまりに、（中略）今は更に貞時は代に無きが如くに成りて」と記している。

しかし頼綱執政期に出された法令を見ると、頼綱が得宗貞時の権力強化に努めていたことは、如実に窺われるのである。

権力空洞化と幕府滅亡

最後の幕政改革

青年執権貞時の理想

いかに平頼綱《たいらのよりつな》の権勢が強大だったにせよ、それは得宗貞時《とくそうさだとき》を擁していたからだったし、また貞時が若年だったからだった。しかし得宗の座についたとき十四歳だった貞時も、九年たった永仁《えいにん》元年(一二九三)には、二十三歳の青年になっていた。当然、自分の身分や立場も判ってきているし、自分なりの幕政改革の理想も心に描いていたに違いない。そして貞時が理想を実現しようとすれば、必然的に頼綱と衝突せざるを得ない。

平禅門ノ乱

そして永仁元年四月二十一日の深夜、事件が起った。頼綱の長男宗綱《むねつな》が、父頼綱と弟飯沼資宗《すけむね》との陰謀を密告してきたのである。

父子の陰謀について、『親玄僧正日記《しんげんそうじょうにっき》』はたんに「父子違逆」としか記さないが、『保暦間記《ほうりゃくかんき》』は「杲円父子（杲円・頼綱）、天下ノ事ハ安房守（資宗）ヲ将軍ニセント議シ」たとある。真偽のほどは、さだかではない。

いずれにしても貞時は、果断だった。夜が明けかかった二十二日の寅《とら》ノ刻（午前四時）、北条一門の武蔵七郎などの討手を、頼綱父子の住む経師ガ谷（材木座二丁目）に差し向けたのである。

頼綱・資宗父子は、一所で自害した。一族郎等九三人が、炎のなかで死んだ。そのなかには、貞時の娘二人もあった。余炎は「小野（小町カ）」や、頼綱の「笠井（葛西ガ谷カ）ノ屋形」にも及んだ。平禅門《へいぜんもん》ノ乱という。

父と弟とを密告して出た平宗綱は、宇都宮入道に召し預けられたのち、佐渡に配流されたが、のちに赦されて鎌倉に戻ってきている。

幕政改革

頼綱を倒して実権を回復した貞時は、青年らしい潔癖さで、幕政の改革に着手した。直後の五月二十五日に出された法令は、頼綱執政期の秕政《ひせい》を匡《ただ》すのを狙っていた。

まず評定衆、引付衆、奉行などに収賄《しゅうわい》を禁じて綱紀の粛正を図り、庭中当日に裁許することで訴訟の迅速化を目指し、領家・地頭間の中分を勧めて寺社や公卿との矛盾の減少に努め、無足になっていても三代以前に御家人であったら御家人として認定せよとした。

北条一門の勢力回復

追いかけるようにして同十月二十日、三方引付を廃して七人の執奏を置き、貞時自身が政務を直断《じきだん》することになった。七人とは、政村流北条時村、名越流北条公時、金沢流北条顕時、大仏流北条宗宣、北条師時、宇都宮景綱、長井宗秀である。かつて弘安合戦直後に下総に配流された顕時が帰り咲いているように、北条一門の勢力が回復されているのが目立っている。

得宗の政務直断

いずれにしても得宗の政務直断は、先例のないことだった。さすがに引付制度は、翌年十月二十四日、五方引付として復活するが、貞時の重要政務直断制には、かわりはなかった。貞時の独裁ということである。

貞時の実権回復と幕政改革とは、一般から好評で迎えられたらしい。「当《(今)》時は、御徳政（善政）の最中」と書き送った書状が、『鎌倉遺文』の一八四二二号として残っており、頼綱の恐怖政治下では出し渋っていた出訴が続出し、「訴人は雲霞の如くに候」とも記されている。

永仁の徳政令

いずれにしても貞時の政治は、御家人保護を基調としていた。永仁五年三月六日、この線に沿って出されたのが、有名な徳政令である。

弱小御家人が売却、あるいは質入れした所領を、無償で取り返してもよいとした条文を根幹として、これに越訴《おっそ》の禁止、御家人所領の売買質入れの禁止、および利息関係訴訟の不受理なども定められていた。

ちなみに蒙古襲来前の文永五年、北条時宗は、借りた額だけ返納すれば利息は払わずとも、質流れした所領を取り返してよいとし、さらに文永の役前の同十年には、借金を返済せずとも質流れした所領を取り返してよいと定めている。

貞時が出した徳政令は、以上の二令の延長上に位置するもので、質流れ所領の取り返しを御家人のみに認めて、貧窮御家人の救済を図ったのである。

家族の不幸続く

ところで『武家年代記』によると、正安三年（一三〇一）正月二十二日、貞時の娘が死んだ。すでに名越流北条時基と結婚していたというから、かなりの年齢だったと思われる。

生母については史料はないが、貞時正室の大室流安達泰宗の娘大方殿だったかも知れない。

永仁元年の平禅門《へいぜんもん》ノ乱のさい、経師ヶ谷の平頼綱館で貞時の娘二人が死んだことは、先述してある。

そして『吉続記《きちぞくき》』の乾元《けんげん》元年（一三〇二）十月五日条に、「関東相州禅門嫡子生年五歳歟」が死んだとある。諸系図に菊寿丸と記されている子だろうか。「もとより足も立たず、息災ならず」だったという。

以上を貞時の生涯に則して順序立てると、次のようになる。

永仁元年（一二九三）四月二十二日　娘二人が炎のなかで死す。

永仁六年（一二九八）　菊寿丸、生まる。足もたたず。

正安三年（一三〇一）正月二十二日　長女（北条時基室）、死す。

相次ぐ不運であり、不幸だった。ときは迷信に満ちた鎌倉時代だった。非業の死を遂げた多くの人々の祟りか――そのように貞時は、感じたかも知れない。

そして正安三年八月二十二日、貞時は従兄弟で女婿だった北条師時に執権職を譲り、翌二十三日、出家して崇暁（のち崇演）と法名した。

貞時出家

ちなみに得宗家歴代の系図を、幼名で作成してみると、図18のようになる。泰時の金剛、経時の藻上などには特別なものが見られないが、時頼の成寿から以降は、みな「寿」が用いられている。

幼名にも通字《つうじ》があったというようなことではないだろう。いずれも健康長寿を願ったのだろうが、つまりは不健康短命が多かったということだろう。三十一歳という若さで貞時が出家したのも、この線上で理解できる。

なお貞時は、出家はしても、政務を放棄したわけではなかった。山内に創建した最勝園寺亭に寄合衆を召し集めて、権力は掌握し続けている。

夭逝する子供たち

そして貞時が出家してまでの願いも、ついに虚しかった。翌年、嫡男菊寿丸は、自分の足で大地を踏みしめることなく、生年五歳で死んだ。続いて嘉元《かげん》三年（一三〇三）七月十六日、次男金寿丸も死んだ。三男千代寿丸については、史料はない。多分、同様の運命を辿ったのだろう。ようやく

図18　得宗家幼名系図

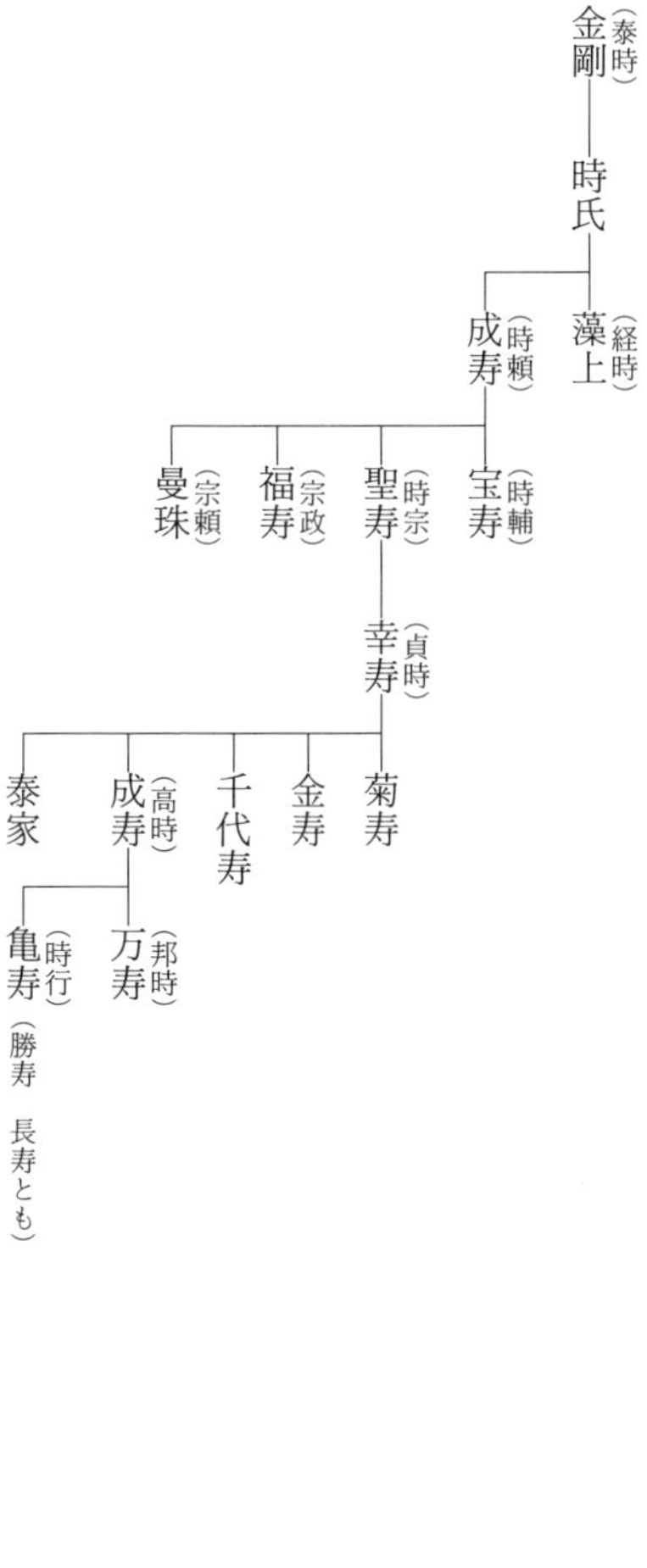

貞時が後嗣成寿丸（のち高時）を得たのは、嘉元元年十二月二日だった。しかし成寿丸にも、なにか異常があったらしい。血縁結婚を重ね過ぎたからだろうか。

嘉元ノ乱

このような得宗家の情況を見て、野心を抱いたのは北条宗方だった。時宗の弟宗頼の子で、時宗の烏帽子子《えぼしご》でもあった。嘉元三年には、御家人統率を任とする侍所《さむらいどころ》の所司で、得宗家の執事も兼ね、さらに越訴頭人《おっそとうにん》でもあったらしい。

そして嘉元三年四月二十三日、宗方は動いた。御内人《みうちびと》と外様御家人各六人ずつに「上の仰せ」と称して、連署だった政村流北条時村を討たせたのである。

直後の五月二日、逃亡した一人を除く討手一一人は、貞時の命で首を刎《は》ねられた。そして同四日、貞時の命を受けた大仏流北条宗宣と宇都宮貞綱の軍に攻められて、宗方は誅殺された。嘉元ノ乱である。

かつて北条一門は、一般御家人たちと勢力を拮抗させていくために、一丸となって団結した。それが今、北条一門どころか得宗家のなかに、野心家を出してしまったのである。すでに幕閣は、末期症状を呈していたといえる。

九州の緊張続く

ところで蒙古では、永仁二年（一二九四）正月二十二日、クビライは八十歳で死んだが、正安三年（一三〇一）十一月二十一日、薩摩国甑《こしき》島に異国の船若干が着岸したと、『北条九代記』に記されているように、まだまだ日本側としては安心はできなかった。なおこのときも、また風が吹いて異国の船を追いやったという。

いずれにしても九州の御家人に課された異国警固番役は、依然として続いていた。そして嘉元二年の暮、貞時は九州を五番に編成し直して、各番ごとに一年交代で異賊警固にあたるよう、九州に下知している。

将軍交替　また延慶《えんぎょう》元年（一三〇八）七月九日、将軍久明《ひさあきら》親王は、御所を出て佐介ガ谷の佐介北条館に入り、やがて京都に向かった。ときに三十四歳。従来の例から見ても、当然の年齢だった。

かわって嫡男の守邦《もりくに》親王が、九代将軍を嗣立した。ときに八歳。すでに将軍の代替りは当然と思われていたらしく、なんの問題も生じなかった。

政務に厭きる　それにしても貞時の仕事で目立つのは、このころまでだった。このころから貞時の動きに、生彩がなくなるのである。御内人の平政連《たいらのまさつら》は、「（貞時が）在俗の時は、もっぱら覇業を扶く。御出家後の今は、漸く政要に疎し」と、貞時を批判している。

将軍が代替りしたと同じ月、平政連は長崎左衛門尉経由で貞時に『諫草《かんそう》』を進めているが、要点の五ヵ条は次のようである。

一、政術を興行せらるべきのこと。
一、早々と連日の酒宴を相止め、仮景の歓遊を催さるべきのこと。
一、禅侶の屈請を省略せらるべきのこと。
一、固く過差を止めらるべきのこと。
一、勝長寿院を造営せらるべきのこと。

最後の勝長寿院造営の件はともかくとして、他の四ヵ条によって、この時期の貞時の日常がよく推察される。政務を放棄して酒宴を連日開き、建長・円覚両寺などの禅僧を招き、過差贅沢をことととして遊び暮らすようになっていたのである。

永年の幕政改革の努力につかれ果てたのか、子女の不運続きにヤケを起したのか、その原因は判らない。

いずれにしても世情は、すでに騒然たる情況を呈しつつあった。天下に悪党が横行し、天皇家は持明院《じみょういん》・大覚寺《だいかくじ》両統に分立して争っていた。

高時元服　そして延慶二年正月二十一日、ようやく生き残った四男成寿丸が、七歳で元服して高時《たかとき》と名乗った。このときまでに兄三人は、みな夭折《ようせつ》していたのである。

一見、政務を放棄してしまったかのような貞時だったが、幼息高時のためには、それなりの布石は打っていたようである。高時の乳母夫の長崎高綱《たかつな》を重用して、早くから得宗家執事に登用したうえに、幕府の公職である侍所の所司にも任じていたのである。

また高時を早くに結婚させたのも、布石の一つだったかも知れない。元服した直後に、高時は結婚したらしいのである。高時の岳父として高時を支える任を与えられたのは、安達時顕《ときあき》だった。

つまり長崎高綱と安達時顕の二人が、来たるべき高時政権の両翼たるべく、すでに貞時は手を打っていたのである。

幕閣の構成

この前後のころの寄合衆の顔触れは、『鎌倉遺文』の二三六六三号に見える。幕政運営の中心機関は、次のようだった。

得宗貞時　執権北条師時　連署北条宗宣　北条熙時《ひろとき》　北条貞顕　長井宗秀《むねひで》　安達時顕

時頼のころの寄合衆は、四人程度だった。これが今は、七人に増加している。また奉行が一人、合奉行が二人いて、組織も整ってきているのが看取される。

七人のうち一人は得宗であり、四人は北条一門で、一人は高時の岳父である。いわば北条一族の支配原理が、そのまま幕閣に導入されたに等しい。しかも合奉行二人というのは長崎高綱と尾藤時綱、ともに御内人だった。

なお長崎高綱は、延慶年間（一三〇八～一〇）には出家して、法名を円喜と名乗った。

世人は「長入道」「長禅門」などと呼んだらしい。しかし高綱（円喜）が幕政に関与し続けたのは、もちろんである。

いずれにしても、貞時が連日の酒宴に耽《ふけ》っていても、幕政の運営に支障が生じないだけの体制は、すでに幕閣に成立していた。この体制は、そのまま次代高時の時期に引き継がれることになる。

貞時の死

そして応長《おうちょう》元年（一三一一）十月二十六日、北条貞時は死んだ。ときに四十一歳。廟所《びょうしょ》は父時宗と同じで、円覚寺《えんがくじ》の仏日庵《ぶつにちあん》である。なお死に臨んで、貞時は長崎円喜と安達時顕の二人を枕頭《ちんとう》に召し、高時や世事を二人に托したという。

当然のことながら、得宗の座は高時が嗣立した。しかし九歳の高時に、政務の実権などあるべくもなかった。得宗家執事の長崎円喜と得宗高時の岳父である安達時顕とが、北条一門で固められた寄合衆を領導して、幕政を運営することになったのである。

鎌倉幕府の滅亡

図19　金沢貞顕五輪塔

高時執権となる

正和《しょうわ》五年（一三一六）七月十日、従五位上左馬権頭《ごんのかみ》の北条高時《たかとき》は、十四歳で幕府執権《しっけん》の座についた。連署《れんしょ》には前年に就任した金沢《かねざわ》流北条貞顕《さだあき》が、そのまま留任した。

執権高時、連署貞顕という体制は、それから一〇年間も続く。しかし政務の実権を握っていたのは、もちろん長崎円喜と安達時顕《ときあき》の二人だった。ちなみに時顕の子高景は、円喜の娘と結婚していたから、円喜と時顕はともに若夫婦の岳父ということになる。

なお高時が執権になったのと前後して、円喜は老耄《ろうもう》を理由として、得宗家執事という職を息子の高資に譲ったが、もちろん実権までは譲ってはいない。若い執権に若い得宗家執事という体制を表に出して、政務の実権は円喜が握っていたのである。

文保の和談　だから翌年の文保《ぶんぽう》元年（一三一七）四月、京都朝廷での両統対立に関与して、いわゆる「文保ノ和談」を成立させたというのも、若き得宗高時を表に出してはいたものの、実際の黒幕は円喜だったと思われる。

それにしても「文保ノ和談」には、判らないことが多い。天皇家の秘事ということで、これに関する史料が少ないせいかも知れない。いずれにしても幕府の使者中原摂津《せっつ》親鑒《ちかあき》が提示したのは、次の三ヵ条だったらしい。

㈠　明年は持明院統の花園天皇の在位十年にあたるから、花園天皇は現東宮で大覚寺統の尊治《たかはる》親王に譲位する。

㈡　以降、各天皇は在位十年で交替することとし、両統は交互に皇位につく。

㈢　ただし尊治親王の次は、大覚寺統の後二条院の息子邦良《くによし》親王とし、その次は持明院統の量仁《かずひと》親王とする。

このうち㈠と㈡については、とにかく両統ともに了承したらしい。しかし㈢については、双方ともに異論があった。持明院統の方では、尊治・邦良と大覚寺統が二代二〇年も続くのは不平等だとし、大覚寺統の側では自統が尊治系と邦良系と二系に分流することになるとして、ともに反対したのである。

しかし幕府からの使者摂津親鑒は、強硬だった。

「御和談、こと行かざるの間、東宮《（尊治）》の践祚《せんそ》、その期なきに似たり。よって法皇《（後宇多）》の御意を慰めんがため、未来の立坊のことを申す」

として、一方的に押し切ったという。

このような情況から、「文保ノ和談」を成功と見るムキもあれば、反対に失敗と断定するものもあって、判然とはしない。

いずれにしても翌文保二年二月二十六日、持明院統の花園天皇は、㈠の約束を守って、大覚寺統の尊治親王に譲位した。第九十六代の後醍醐《ごだいご》天皇である。その父後宇多院が、ただちに院政を開始した。

この「文保ノ和談」にさいして、幕府はとにかく公正だった。「両統、いずれも皇統なれば、ともに断絶すべからず」を、鉄則としていたのである。

しかしこれを、高時外交と見るわけにはいかない。実際の指導者は、長崎円喜だったからである。

しかし後醍醐天皇の側は、公正だったと言えるか否か、いささか問題である。三年後の元亨《げんこう》元年（一三二一）十二月、後宇多院政を停止して、後醍醐天皇が親政を開始すると、しだいに討幕の陰謀をめぐらし始めたのである。

後醍醐天皇に討幕を決意させた契機は、もしかしたら奥州安東氏《おうしゅうあんどうし》ノ乱だったかも知れない。

奥州安東氏ノ乱

かつて北条義時《よしとき》は、得宗《とくそう》領の多い陸奥《むつ》国北半支配のために御内人《みうちびと》の安東氏を代官に任じて津軽に置き、奥羽両国および渡島《おしま》の蝦夷《えぞ》支配にあたらせた。これを、蝦夷管領《えぞかんれい》という。その後、安東氏はこの職を世襲したが、鎌倉末期にいたって、二系に分流した。嫡系の貞季《さだすえ》は十三湊《とさみなと》に福島城（青森県市浦村）を築いて津軽安東氏（下国家《しもっくに》）と称し、庶系の宗季・季久兄弟は出羽国に勢力を扶植して秋田安東氏（上国家《かみつくに》）と号したのである。

必然的に両安東氏の間に、家督《かとく》と蝦夷管領の職とをめぐって対立が生じ、ともに得宗家公文所《くもんじょ》に訴訟して出た。このとき得宗家執事だった長崎高資は、双方から賄賂《わいろ》をとって事件を決着させなかったので、両安東氏の対立は激化した。

このとき、また事件が重なった。蝦夷が叛乱したのである。両安東氏の対立激化と看て取って、立ち上がったものらしい。こうして両安東氏と蝦夷と三勢力の間に、三つ巴《みどもえ》の合戦となった。奥州安東氏ノ乱である。

『保暦間記《ほうりゃくかんき》』では、元亨《げんこう》二年（一三二二）春に起ったとあるが、これより五年も前の文保元年ころには、すでに戦火は生じていたらしい。しかし長崎円喜・高資父子は、なんの手も打たなかったようである。

幕府の無策を露呈

ようやく正中《しょうちゅう》二年（一三二五）六月、幕府の裁許が下った。貞季の得宗代官の職を解き、かわって庶系の宗久を任じたのである。もちろん貞季が黙っているわけはなく、より強い貞季の反抗を招くことになる。

そこで翌嘉暦《かりゃく》元年（一三二六）三月、御内人の工藤貞祐が出陣し、同七月には貞季を生捕って鎌倉に帰陣したが、これで蝦夷の反乱が片付いたわけではなかった。

そして嘉暦二年六月、宇都宮高貞《たかさだ》・小田高知《たかとも》が蝦夷追討使として出陣したが、すぐには乱を鎮定できず、翌三年十月、ようやく「和談の議」ということで、事件は終った。

幕府の面目は丸潰れだった。幕府軍事力の弱化が、天下に暴露された。この間、様子を見ていた後醍醐天皇は、着々と討幕の支度を整えていた。

正中ノ変

安東氏ノ乱さなかの正中元年九月、天皇の討幕の密計が発覚して、天皇側近の日野資朝《ひのすけとも》、同俊基《としもと》らが捕えられたが、幕府の対応は春風駘蕩《しゅんぷうたいとう》たるものだった。正中ノ変である。

金沢貞顕の執権就任と出家

正中三年三月十三日、病気ということで高時は執権を辞し、出家して日輪寺崇鑑を法名とした。かわって同十六日、金沢貞顕《かねざわさだあき》が執権となった。このとき貞顕は、書状に、

愚老、執権のこと。去んぬる十六日の朝、長崎新左衛門尉(高資)をもって、仰せ下され候。面目、きわまりなく候。

と書いて、大喜びしている。

しかし貞顕の執権在任は、永くはなかった。わずかに一〇日後の同三月二十六日、貞顕は執権を辞して出家した。高時の弟泰家、その生母の大方殿（大室泰宗娘）および安達時顕らが、反対したからだった。

執権赤橋守時

若干の混乱の後、新体制が成立した。執権は赤橋《あかはし》流北条守時《もりとき》、連署《れんしょ》は常盤流北条維貞《これさだ》である。しかし政務は、すべて得宗家の前執事長崎円喜が専断していた。

元弘ノ変

元弘《げんこう》元年（一三三一）四月、後醍醐天皇の再度の陰謀が露顕したとき、円喜の専断は成功した。八月には比叡山を攻略、九月には笠置山で天皇を捕え、十月には楠木《くすのき》正成《まさしげ》の赤坂城を陥落させたのである。やがて後醍醐天皇は退位して、隠岐島に配流《はいる》された。元弘ノ変である。

しかし円喜の専横を憤る者が、鎌倉に現われた。得宗北条高時その人である。元弘元年八月、御内人の長崎高頼、工藤七郎、前宮内少輔忠時のほか、典薬頭《てんやくのかみ》の丹波長朝などを秘かに召して、長崎円喜・高資父子の暗殺を命じたのである。

長崎円喜暗殺未遂

しかし恐怖政治・密偵政治のさなかである。たちまちに露顕して、高時の密命を受けた人々は、すぐに召し捕られ、それぞれに配流されてしまった。長崎高頼は、陸奥に流されたという。

高時自身も円喜父子に厳しく糾問されたが、「我は知らず」と、必死に抗弁したので、辛うじて助かったと、『保暦間記』は伝えている。

かつて高時の亡父貞時は、権臣平頼綱を討って、幕政改革に着手した。同じように高時も、権臣長崎円喜を討って、幕政改革を開始しようとしたのかも知れない。そうだったとしても、それは未然のうちに失敗したのである。

高時、政務を放棄

以降の高時は、ますます政務から遠去かっていく。その日常は、田楽と闘犬、酒と女ということになる。これを見た金沢貞顕も、「田楽のほか、他事なく候」と、書き送っている。

ちなみに『保暦間記』は、高時を「頗る亡気《うつけ》にて」と記し、『太平記』にも同様のことが記されている。しかし両書ともに後代のものである。鎌倉時代に高時を亡気とは書けなかったからかも知れないが、とにかく鎌倉時代に高時を亡気と書いたものは、管見には入っていない。

倒幕の動き拡がる

一方、後醍醐天皇のあと、持明院統の量仁《かずひと》親王が践祚して光厳《こうごん》天皇となり、元弘二年（一三三二）を正慶《しょうきょう》元年と改元したが、隠岐に配流された後醍醐天皇は、まだ元弘年号を用いて、密書を諸国に送っていた。そして護良《もりよし》親王、楠木正成らの宮方も、各地で蠢動《しゅんどう》していた。

そして正慶二年（元弘三年、一三三三）閏《うるう》二月、後醍醐天皇が隠岐を脱出すると、にわかに宮方の動きは活発になる。要点を年表風に記すと、次のようになる。

三月十三日　菊池武時、鎮西探題を襲撃
三月二十九日　吉見頼行、長門探題を襲撃
四月二十七日　名越高家、久我縄手に戦死
四月二十九日　足利高氏、丹波で叛す
五月七日　六波羅探題、陥落

新田義貞挙兵

そして五月八日、ついに東国でも火の手が揚がった。幕府の徴税吏を斬った新田義貞《にったよしさだ》が、上野国《こうずけ》新田荘《にった》（新田町・太田市）で挙兵したのである。

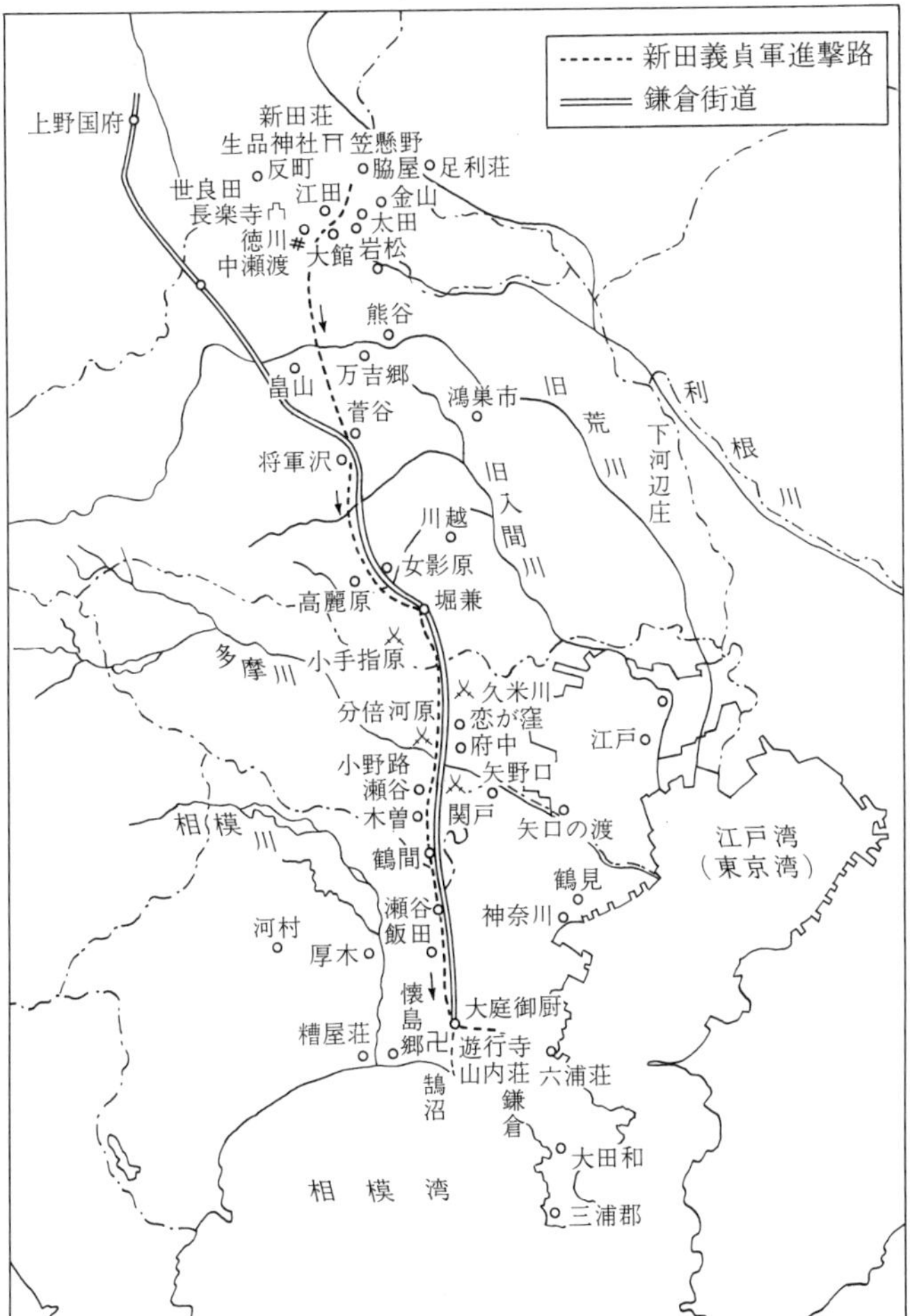

図20　新田義貞鎌倉攻略図

やがて利根川を渡って武蔵国に侵攻してきた新田勢を、小手指ヵ原《こてさしはら》、久米川《くめがわ》、分倍河原《ぶばいがわら》と、北条軍は各地で迎え撃った。長崎高重・桜田流北条貞国の軍に、鎌倉から高時の弟北条泰家の軍までが馳せ加わったが、いずれの合戦でも北条軍は敗れた。

新田勢、鎌倉に迫る

そして五月十八日、ついに新田勢は、村岡、藤沢、鵠沼《くげぬま》、片瀬、腰越《こしごえ》、十間坂と随所に火を放ち、小袋坂、化粧坂《けわいざか》、極楽寺の三道から、鎌倉突入を図った。しかし頼朝が武都と定めた鎌倉は、さすがに要害だった。三道のすべてで、新田勢は撃退されたのである。

鎌倉の西北方、小袋坂口に向かった堀口貞満・大島義政指揮下の新田勢は、執権赤橋流北条守時軍に六五度までも突撃を敢行されて、洲崎まで退却させられた。

ちなみに赤橋守時は、妹婿足利高氏が裏切ったのを苦にして、戦死するつもりで戦ったというが、違うだろう。堀口・大島勢を洲崎まで追撃するや、急に方向転換して化粧坂口を攻めている新田義貞の本軍を、背後から急襲する作戦だったと思われる。

しかし追撃があまりにも急だったので、本軍と遠く離れてしまい、ついに洲崎で新田勢に包囲されて自刃して果てている。しかし小袋坂口の守りは固く、新田勢は小袋坂に一歩も足を踏み入れてはいない。

化粧坂口に向かった新田義貞・弟の脇屋義助の新田本軍は、金沢流北条義将軍に遮られて、化粧坂に取り付くこともできなかったらしい。

そして鎌倉の西南方、極楽寺口に向かった大館宗氏、綿打氏義の新田勢は、辛くも大仏流北条貞直軍を破って極楽寺坂を駈け上ったが、急を知って馳せ着けてきた本間山城左衛門の軍に、鎌倉の外に追い出されている。

いずれにしても三道から鎌倉突入を図った新田勢は、三道のいずれからも、一歩も鎌倉に突入できなかったのである。

大館宗氏、鎌倉突入

ちなみに本間山城に極楽寺口から追い出された大館宗氏は、そのまま腰越まで追撃されて討ち取られたと、『太平記』には記されているが、事実は違うらしい。

極楽寺口から追い出されると、南に下って稲村ヶ崎南麓の岸辺を通って鎌倉に突入し、稲瀬川を渡って前浜の鳥居（浜の大鳥居）や一向堂近くまで侵入していたのである。

もちろん稲村ヶ崎口には、逆茂木《さかもぎ》・車逆茂木などが仕掛けられており、近くの海面には幕府方の兵船多数が浮かんでいて、ここを新田勢が通ろうとすれば横矢を浴びせるようにはなっていた。しかし大館勢数十騎は、ここを渡渉《としょう》して奔《はし》り抜けたらしい。

「天野経顕軍忠状写」（『鎌倉遺文』三二八一三号）に、

「稲村崎の陣を駈け破り、稲瀬川ならびに前浜の鳥居脇まで合戦の忠をいたす」

とあり、「陸奥石川義光軍忠状」（同、三二六四八号）には、

「同十八日、稲村崎で散々に合戦をいたし」

とあり、「陸奥大河戸隆行軍忠状」（同、三二六四七号）には、

「同十八日、鎌倉前浜において合戦をいたす」

とあり、「信濃後藤信明軍忠状」（同、三二二六八号）には、

「同十八日、前浜一向堂前において、散々に責め戦う」

とあり、「常陸大塚貞成軍忠状」には、

「五月十八日、新田大館（宗氏）殿の御手に付き奉って、稲村崎の車逆茂木を破って合戦を致」

したとある。

せっかく鎌倉中に突入はしたものの、大館勢は後続の兵を断たれ、結局は宗氏ら一〇人は包囲殲滅《せんめつ》されたらしい。『梅松論《ばいしょうろん》』には、

当日の浜の手の大将大館、稲瀬川において討ち取られ、其の手、引き退きて、霊山の頂きに陣を取る。

とある。

いま稲村ヶ崎の外側に「十一人塚」があるが、もとは内側にあったという。

図21　十一人塚

霊山ノ合戦

鎌倉中に突入した大館勢のうち、天野経顕、石川義光、大河戸隆行、後藤信明、大塚貞成、熊谷直春、新田経政ら若干は、包囲を逃れて、霊山の山頂に逃げ登ったらしい。

これは幕府方から見れば、まさに目障りである。山頂から北条軍の動きを、見張られているかたちだからである。そして二十日、霊山山頂の霊山寺の下で、合戦があった。「武蔵熊谷直経軍忠状」（『鎌倉遺文』三二五一七号）に、次のように記されている。

> 亡父直経、（中略）、同二十日、新田遠江又五郎経政の御手に属し奉り、軍忠を致すにつき、鎌倉霊山寺の下において討死。

図22　稲村ヶ崎

義貞、稲村ヶ崎より侵攻

いずれにしても大館勢が鎌倉中に突入したことは、稲村ヶ崎が通行可能だと、新田義貞に教えたことになる。二十日、義貞が本陣を稲村ヶ崎北方の聖福寺に移したと、欠年「円覚寺文書」にある。稲村ヶ崎からの鎌倉突入を、義貞は決意したのである。

そして二十一日の夜半、というよりも二十二日の早朝、まだ夜が明けやらぬ時刻、義貞は兵を率いて稲村ヶ崎の巌頭に立った。竜神に祈って、宝剣を海中に投じたのである。奇跡が起った。にわかに海が二十余町も干上って、横矢を射ようと構えていた幕府の軍船は、はるか彼方に遠去かったと、『太平記』に記されている。

『太平記』よりはやや信憑《しんぴょう》度の高い『梅松

論』も、干潟になったことは肯定している。

爰《ここ》にふしぎなりしは、稲村崎の浪打際、石高く道細くして軍勢の通路難義の所に、俄に塩干して合戦の間干潟にて有し事、かたぐ〵仏神の加護とぞ人申ける。

伝説をめぐる諸説

この「奇跡」と新田勢の鎌倉侵攻路については、多くの説が出されている。

明治二十四年（一八九一）、久米邦武氏は、「奇跡」を完全に否定し、和泉武士の三木村俊連が霊山寺から斬り込んだと記してある「和田系図裏書」をもととして、極楽寺口が通路だとされた（「太平記は史学に益なし」『史学雑誌』二―一七・一八）。

明治二十六年、坪井九馬三氏は江戸時代に干潟になった事例を挙げて、義貞の場合にも干潟化した可能性ありとされた（「霊山稲村崎」『史学雑誌』四―四八）。

明治三十五年、陰暦の元弘三年五月二十二日を陽暦に換算した八月五日と前日の午前二時五十八分、大森金五郎氏は実験的渡渉を行なって、大館宗氏・新田義貞は稲村崎を通過したとされた（「稲村崎の渡渉」『歴史地理』四―一一）。

大正三年（一九一四）、三上参次氏は、士気振興目的で義貞は太刀投げという芝居をしたのだとされた（「新田氏勤王事跡」『上毛及上毛人』一―二）。

昭和十二年（一九三七）、新井信示氏は、神威によって干潟化したとされた（「新田義貞

公鎌倉進撃路踏査記」『上毛及上毛人』二四四・二四五)。

昭和十三年、藤田精一氏は、これよりさき天文学者小川清彦氏が当時の干潮時が五月二十一日には午前四時十五分ごろとされたのを受けて、この干潮と夜の闇とを利用して鎌倉に潜入したとされた(『新田氏研究』)。

昭和十七年、佐藤善次郎氏は、稲村ヶ崎渡渉を肯定されたが、根拠は明示されなかった(「新田義貞の鎌倉攻」『神奈川県文化財調査報告』)。

昭和四十三年(一九六八)、高柳光寿氏は、干潟化を否認し、『梅松論』に「石高く道細くして」とあることから、霊山通過説を唱えられた(『鎌倉市史――総説論』)。

昭和五十七年(一九八二)、奥富敬之は、久米氏・高柳氏の説を推し進めて、大館宗氏の鎌倉内戦死と義貞の霊山越えとを主張した(『新田堀江氏研究――通史』)。

続いて同五十九年、奥富は論を進めて、義貞の霊山越えに山頂にいた宗氏残党の援護があったとした(『上州新田一族』)。

同じ昭和五十九年、峰岸純夫氏は、干潟を利用した未明の侵攻作戦か、地震(海底地殻変動)による一時的遠干潟の出現か、そのいずれかであろうとされた(『新田町史』四巻)。

平成三年(一九九一)四月十五日、六月十五日、七月十二日、八月二十五日の四回、実験渡渉された磯貝富士男氏は、鎌倉時代以来の自然的海水面隆起を七〇〜八〇チセン、関東大震災による陸地面隆起を六〇〜一〇〇チセンと推定され、「差引きされて、現状は元弘三年当時と、干潟化の条件はかなり近くなっているのではないか」とされたうえ、岸壁に細道の痕跡も発見されている（「パリア海退と日本中世社会」、『東京学芸大学付属高等学校研究』二八号。「中世の稲村ガ崎――稲村ガ崎調査の記録」『中世内乱史研究』一二）。

なお大正十二年（一九二三）九月一日の関東大震災に、稲村ガ崎の東南端部は大きく崩落し、その土砂で坂ノ下地域が形成されている。

激戦続く

いずれにしても鎌倉防衛線は、一角が崩れた。西南隅から鎌倉に突入した新田勢は、そのまま前浜（由比ガ浜）を突っ走って、海岸線に沿って材木座のあたりまで東進した。

しかし新田勢の進撃は、そこまでだった。北進路である小町大路、若宮大路、武蔵大路の三道は、幕府方の防衛拠点が急拵《ごしら》えされて、それより北方への新田勢の進撃を阻止していたのである。

それどころか、六地蔵より以東の長谷小路から大町大路にかけても、急拵えの防衛線が布かれていたらしい。北条軍は、あくまでも得宗高時を守るつもりのようだった。やむを得ず義貞は、材木座北方の小丘（九品寺墓地）に、仮の本陣を置いた。

この間に高時、北条一門、主立った御内人などは、高時館（宝戒寺）を出て滑川を渡って、対岸の東勝寺に入った。直後、東勝寺橋東詰の滑川東岸に、北条軍が楯を掻き並べて布陣した。

西北から新田勢侵入

辛うじて間に合った。直後、窟堂脇の天狗堂（愛宕社《あたご》）か、寿福寺のたつ扇ガ谷のあたりで、馬煙が揚がるのが見えたのである。小袋坂口か亀ガ谷坂口かが破れて、西北隅からも新田勢が侵入してきたと看て取れた。すぐに新田勢は、北条軍が焼き落とした東勝寺橋の西詰に殺到してきた。もちろん新田勢は、滑川を渡れなかった。東詰に布陣していた北条軍が、西岸の新田勢に矢の雨を降らせたのである。

鎌倉幕府滅亡

この隙に東勝寺では、円喜の嫡孫長崎高重を最初とし、刑部大夫道準、諏訪入道、長崎円喜、そして得宗北条高時と、次々に自刃していった。このとき高時に殉じて自害したのは、金沢《かねざわ》・佐介《さすけ》・名越《なごえ》・常盤・大仏《おさらぎ》・伊具・桜田・刈田・普恩寺・甘縄・江間・阿曾・塩田・赤橋などの北条一門と、長崎・諏訪・南条・塩飽・安東・隅田などの御内人を合わせて、二八三人だった。

やがて東勝寺に、火の手が揚がった。高時自刃と見てとると、いままで必死に時間を稼いでいた滑川東岸の北条軍の面々も、次々と自害していった。総じて八百七十余人だったという。

鎌倉幕府は倒れ、北条氏は滅んだ。正慶二年（元弘三年、一三三三）五月二十二日だった。

その後の北条氏――エピローグ

建武新政

鎌倉幕府が倒れて、後醍醐《ごだいご》天皇の親政が再開された。建武新政である。

「朕《ちん》の新儀は、後代の先例たるべし」

天皇の意欲的な政治は、世人の期待に答えるかに見えた。

しかし天皇は、寵妃《ちょうき》阿野《あの》廉子《れんし》の口入に従い、護良親王《もりよししんのう》と足利尊氏《あしかがたかうじ》とが対立し、新田《にった》、楠《くす》木《のき》などが右往左往する。

権力を取り戻した公卿は、時を得顔でのし歩いて武家の風を真似る。武家は武家で習いもせぬ笏《しゃく》などを持って、公卿のふりをする。恩賞や所領安堵《あんど》を求めて、多数の武士が上洛して行く。

その京都では喧嘩・口論・斬り合いが頻発して、生首が路上に転がっているのも、さほど珍しいことではない。旧得宗《とくそう》領や北条一門領だったところでは、一気に訴訟が激増した。

このような混乱のなかで目立つのは、諸国で頻発した北条与党の乱である。

北条氏与党の乱

陸奥《むつ》国津軽の曽我氏、豊前《ぶぜん》国帆柱城の規矩《きく》流北条高政《たかまさ》、同国堀口城の糸田流北条貞義、日向国南郷の遠江掃部助三郎、紀伊国飯盛城の佐々目僧正と六十谷定尚、長門国佐加利山城の越後左近将監と上野四郎、伊予国立烏帽子城の赤橋流北条重時と野本貞政等々のほか、薩摩国島津荘、陸奥国磐城、出羽国小鹿島と秋田城、越後国岩船、讃岐国などである。なかでも建武《けんむ》元年（一三三四）三月、武蔵国で挙兵した本間・渋谷両氏の軍は、一度は故地鎌倉に突入している。

しかし諸国で頻発した北条与党の乱は、重要な条件を欠いていた。相互の連絡と全体的な戦略である。とくに必要だったのは、諸軍をまとめる首将だった。

その首将もいず、重要な条件を欠いていた諸国の北条与党の乱は、散発的だったこともあって、いずれも個々に撃破されている。

北条泰家の策動

そのころ、待望の「首将」は、京都北山の権大納言西園寺公宗の山荘にいた。刑部少輔時興《ときおき》と名乗っていたが、高時の弟左近大夫泰家《やすいえ》である。

鎌倉幕府が滅び去った当日、あくまでも再挙を期した泰家は、高時の両息万寿丸と亀寿丸とを家臣に托して落ち延びさせ、自分も姿をかえて逃げ落ちていた。一時、陸奥に下ったが、すぐに上洛して、もと関東申次《もうしつぎ》だった西園寺公宗《さいおんじきんむね》に匿《かくま》われていたのである。その間、泰家は、高時の二遺児の様子を聞き知っていた。高時の長男万寿丸邦時は、泰家が信頼して預けた五大院宗繁に裏切られて、新田義貞の命で斬られていた。しかし次男亀寿丸は、諏訪盛高に護られて無事に鎌倉を脱出し、信濃国に逃げ延びて、諏訪神社を中心として信濃の御内人たちが結成している諏訪神党に匿われ、すでに元服して相模次郎北条時行と名乗っていた。

西園寺公宗らの陰謀発覚

西園寺公宗と謀った泰家は、信濃の時行、越中の名越流北条時兼らと連絡して、北条家再興の秘策を練った。後醍醐天皇暗殺を合図として、泰家、時行、時兼らは一斉蜂起して、京都・鎌倉の同時占領を敢行しようとしたのである。

しかし陰謀は、未然に洩れた。公宗の弟中納言公重が、密告して出たのである。すぐに公宗は、捕えられて斬られた。続いて日野資名、同氏光、三善文衡らが捕えられ、建仁寺門前でも与党の面々が捕えられたというから、陰謀の根は案外と深かったようである。

しかし北条泰家と左近衛中将の橋本俊季とは、すでに逃亡していた。なお泰家は、翌三年二月、信濃で南朝側として挙兵して失敗しているが、以降の消息は不明となる。

信濃での挙兵計画

こうして陰謀は、未然に失敗した。しかし未然のままでは済まなくなっていたのは、越中の名越時兼と信濃で北条時行《ときゆき》を擁していた諏訪神党の面々だった。それぞれ秘かに与党も糾合していたし、それなりに支度も進んでいて、すでに退《ひ》くに退けないところまで来ていたのである。

とくに信濃国では、神党に挙兵計画があることが、すでに建武政権側に洩れてしまっているらしかった。守護の小笠原貞宗《さだむね》が軍勢催促を行ない、これに応じた市河貞房らが守護所を固め、さらに国司の清原某が京都から下着したことは、そのことを暗に示していた。

保科・四宮氏らの挙兵

そして建武二年七月十四日、信濃北条与党は、ついに立った。船山郷青沼(更埴市五加)の守護所を、保科弥三郎・四宮左衛門らが急襲したのである。

しかし守護方は、これあるを予想して、支度を整えていた。待ち伏せに遭った保科・四宮軍は敗退して、千曲川を渡って対岸に逃れた。すぐに守護勢も、これを追撃した。敗れた保科・四宮軍は、懸命に戦った。八幡河原、四宮荘、篠ノ井と、数度にわたって踏み留まって戦い、そのたびに敗れながらも、また踏み留まって戦ったのである。

保科・四宮氏の奮戦

そして翌十五日、また軍を再興して八幡河原から福井河原に廻り、一時は守護勢の武将市河助房に斬りつけるところまで、肉薄して奮戦した。しかししょせんは、多勢に無勢だった。村上河原（坂城町）での敗北は、とくに手痛かったらしい。

それにしても保科・四宮軍は、とにかくしぶとかった。戦っては敗れ、戦っては敗れたものの、いっかな諦めようとはしなかったのである。以降、二十二日になるまでの九日間、保科・四宮軍は幾度も敗北を重ねつつも、それでもなお戦い続けた。

ちなみに川中島一帯は、四宮荘、保科御厨、常岩牧、船山郷など、かつては得宗領あるいは金沢流・普恩寺流などの北条一門領で、保科・四宮両氏はその代官だった。だから執拗なまでの敢闘と転戦が、可能だったのである。

もちろん保科・四宮軍の奮戦は、陽動が目的だった。これに引っ掛かった守護側の兵は、かなり多くが北信の川中島一帯に集中され、はるか離れた南信の府中は、極端に手薄になった。

北条時行の挙兵

諏訪に潜伏していた北条時行が府中を急襲したのは、このときだった。諏訪頼重を事実上の首将とした北条軍は、いとも簡単に国衙《こくが》を占領した。新任の国司清原左近少将を初陣の血祭りに上げると、背後の守護勢に備えて滋野一族の軍を残すと、北条軍は上野国に攻め入った。

北条与党の増大

各地に潜伏していた北条与党の面々が、風を臨んで馳せ参じてきた。三浦時継・同時明・芦名盛貞らの三浦党、上野の那和宗政、武蔵の清久《きよく》・塩谷などのほか、伊豆・駿河・武蔵・相模・甲斐・信濃など、遠く近くからの兵は引きもきらず、『神明鏡《しんめいきょう》』によれば二万余騎、『太平記』では五万余騎、『七巻冊子』では数万騎という大軍に膨れ上った。

武蔵国に侵攻

上野国を駈け抜けて新田荘（新田町・太田市）を掠領し、利根川を渡ろうとしたとき、上京中の新田義貞の留守を守っていた新田一族が、阻止して出た。しかし鎧袖一触《がいしゅういっしょく》、寸時に二百余騎を屠《ほふ》って、北条軍は武蔵国に進攻した。鎌倉を守っていた足利直義の命で、渋川義季・小山季朝勢が久米川、女影原《おなかげばら》（東村山市）で迎撃して出たが、ただちに撃破して二人を自害に追い込んだ。敗戦に驚いて足利直義《ただよし》は、みずから多勢を率いて武蔵国井出沢（町田市）に迎撃してきたが、七月二十四日、これまた簡単に撃破して、北条軍は鎌倉に向かった。敗れた直義は、鎌倉を捨てて京都に向かった。淵辺義博に命じて、大塔宮護良親王《おおとうのみやもりよし》を殺させたのは、このときである。

鎌倉に入る

とにかく北条軍は、無人の境を行くが如くだった。かつて新田義貞が一〇日もかかった同じ道を、北条軍は六日で踏破し、空になっていた鎌倉に入ったのは、挙兵から一〇日後の同七月二十五日だった。

先祖相伝の故地鎌倉を奪還した北条時行が、このとき発した命令書が、一通だけ残っている。頼朝法華堂領の林郷大多和村（横須賀市太田和）での違乱を匡《ただ》したものである。それには「正慶（四）三年八月十二日」とあって、亡父高時のころの「正慶」年号が用いられ、文書様式も代々の得宗が用いた得宗家公文所奉書の型だった。時行の心情が、滲み出るようである。

足利尊氏、北条軍を破る

しかし時行の鎌倉占領も、永くは続かなかった。多勢を率いた足利尊氏が、下ってきたのである。駿河の高橋・国府・清見関、相模の湯本・相模川・辻堂・片瀬と、七度の合戦に北条軍は敗れた。

八月十七日、諏訪頼重・時継父子など主立った武将四三人は、鎌倉勝長寿院で自害して果てた。誰とも判らぬように、みな顔の皮を剝いでいたという。

北条時行、信濃に脱出

そのなかに、北条時行の姿はなかった。再挙を期して、信濃国に落ち延びていたのである。越中国で挙兵していた名越時兼も、二日後の同十九日、加賀国大聖寺（加賀市大聖寺町）で戦死している。

中先代ノ乱、あるいは二十日先代ノ乱の終りである。鎌倉幕府を先代、室町幕府を当代と見るとき、その中間の時行は中先代であり、鎌倉占領が二〇日間ほどだったのである。中先代ノ乱は、南北朝内乱の契機となった。この間、一族の復仇と北条家再興とを目指して、北条時行は戦い続けた。このとき時行が、かつて鎌倉に攻め入った新田義貞ではなく、京都で北条氏に叛いた足利尊氏を敵としたことは、注目される。

時行、南朝に帰順

そして延元《えんげん》二年（一三三七）七月、足利氏を共通の敵とするということで、時行の南朝帰順が後醍醐天皇に認められた。北条時行軍は、南朝方になったのである。

延元二年十二月二十三日、奥州を発した北畠顕家軍が鎌倉を占領したとき、時行軍はその一翼を担っていた。同年九月、伊勢国大湊（伊勢市大湊町）を出撃して東国に向かった南朝方の船団には、時行軍も乗り組んでいた。そして興国《こうこく》元年（一三四〇）六月、信濃国大徳王寺城で、時行軍は挙兵したという。

いずれも、失敗だった。とにかく南風は競わなかったのである。しかし時行は、執拗なまでに粘り強かった。合戦に敗れても、自刃するようなことはなかった。戦場を離脱しても、すぐに軍を再興して、また戦い続けたのである。

ある。

南軍の鎌倉奪還

そして観応《かんのう》元年（一三五〇）、好機が訪れた。足利尊氏・直義兄弟が対立して、足利勢が真っ二つに割れたのである。観応ノ擾乱《じょうらん》である。機をとらえたのは、南軍の総帥北畠親房《ちかふさ》である。京都と鎌倉の同時奪還を、図ったのである。

指令を受けた新田義宗・義興兄弟は、文和《ぶんな》元年（一三五二）閏二月十五日、上野国で挙兵した。伊豆国で北条時行が挙兵したのは、翌十六日だったらしい。東国南軍の激発を眼前にして、鎌倉にいた足利尊氏は、鎌倉を捨てて逃亡した。

あとは物凄いばかりの急進撃だった。南軍が鎌倉を奪還したのは、『園太暦《えんたいりやく》』によると同十八日、『鶴岡社務記録《つるがおかしゃむきろく》』では同二十日だった。いずれにしても北条時行は、二度目の鎌倉奪還を果たしたのである。

同じ閏二月二十日、北畠顕能、楠木正儀の南軍も、京都に乱入して占領していた。京都と鎌倉との同時奪還作戦は、みごとに成功した。光厳・光明・崇光の持明院統の三上皇は捕えられて、ひとまず両皇統は一流となった。南朝の元号によって、正平ノ一統という。

この作戦の成功は、すでに頽勢が進んでいた南軍が、消えんとする寸前に、最後に放った一瞬の光芒だった。やがて足利勢が大軍を集めて反撃に移るや、南軍は京都も鎌倉も捨てて、また退却することになる。

足利尊氏、鎌倉を奪回

鎌倉が足利尊氏に取り返されたのは同二十日、そして京都が足利義詮に奪回されたのは、三月十五日だった。

いずれにしても正平ノ一統は、南軍の最後の光芒だった。同様に北条時行にとっても、また最後の光芒だった。鎌倉が尊氏に取り返されたとき、逃れ出た時行は、また地下に潜した。

北条時行の最後

そして北条時行は足利勢に捕えられて、文和二年（一三五三）五月二十日、鎌倉の西郊竜ノ口の刑場で斬られた。捕えられた場所や情況など、まったく判らない。長崎駿河四郎、工藤二郎らも、命運をともにしている。直後の六月九日、楠木正儀、石塔頼房らの南軍は、また京都を占領している。時行が捕えられたのは、これと相呼応する挙兵を図っていたときだったかも知れない。

いずれにしても鎌倉北条氏得宗家は、ここに断絶した。

あとがき

鎌倉が大好きである。宝戒寺の萩だとか、成就院の紫陽花だとかではない。ここに頼朝が住んだ、義時がいたのはここだ、和田合戦で泰時が本陣を置いたのはここだ、これは時頼が建てた寺だ、小町屋はこのあたりだったのか……。こういうことを考えながら鎌倉を歩くのが、好きなのである。

その鎌倉に、もっとも大きな足跡を残したのは、鎌倉北条氏九代である。鎌倉北条氏は鎌倉幕府において、政治の主導権を掌握し、繁栄しながらもあっけなく滅亡した。その末裔に関しては、いくつかの系図などもあり、北条時行には男子があり、それが小田原北条氏につながるともされているが、これは小和田哲男氏の研究によっても信じられない。

本書は鎌倉北条氏を、伊豆時代から説き起こし、幕府全盛期を経て、ついに滅び去って行くまでを描いた。俗に「鎌倉北条氏九代」という。だから本書では、その一人一人に焦点はあてたが、時政から高時までを一括した「北条氏」が、本書の主人公である。彼らの足跡をなるべく鎌倉という場所に則して語りたかったが、どこまでできたか心もとない。

本書の執筆には非常に苦労した。鎌倉北条氏九代は、それぞれ一人で一冊になるほどだが、だからこそ本書では九代全員で一冊にまとめようとしたのである。必然的に多くの問題を省略した。源平合戦、幕府の成立と構造、御家人制、承久の乱、式目、蒙古襲来、両統迭立、悪党問題などである。その点はご海容頂きたい。

最初、論説風に書き出したら、時政以前だけで数十枚になってしまった。やむなく通史風に書いた。あらすじだけのようになってしまったが、これも勘弁してほしい。中世の地名や用語などには、（）内に現代のものを入れた。得宗館（宝戒寺）、交名《きようみよう》（名簿）などである。挿図写真の多くは私の素人写真だが、とくによく撮れているのは、鎌倉在住の畏兄安田新一氏のものである。いつも通りの御厚意に、深く感謝申し上げたい。

末尾ながら前著『鎌倉北条氏の基礎的研究』のときと同様、お世話になった吉川弘文館編集部に記して謝意を表したい。

奥富敬之

二〇〇三年四月

参考文献

一　基本的な史料

『吾妻鏡』（新訂増補国史大系、吉川弘文館）
『北条九代記』（続群書類従、続群書類従完成会）
『保暦間記』（群書類従、続群書類従完成会）
『梅松論』（同右）
『将軍執権次第』（同右）
『関東評定衆伝』（同右）
『太平記』（日本古典文学大系、岩波書店）
竹内理三先生編『鎌倉遺文』（東京堂出版）
竹内理三先生編『鎌倉年代記』『武家年代記』『鎌倉大日記』（増補続史料大成、臨川書店）

二　主要な関連論文

上横手雅敬『日本中世政治史研究』（塙書房、一九七〇年）
大三輪龍彦編『中世鎌倉の発掘』（有隣堂、一九八三年）
杉橋隆夫「北条時政と政子―その出身と心操―」（『歴史公論』）
細川重男『鎌倉政権得宗専制論』（吉川弘文館、二〇〇〇年）

松尾剛次『中世都市鎌倉を歩く―源頼朝から上杉謙信まで』(中公新書、一九九七年)

三　関連する拙著

『鎌倉北条氏の基礎的研究』(吉川弘文館、一九八〇年)
『鎌倉北条一族』(新人物往来社、一九八三年)
『上州新田一族』(同右、一九八四年)
『相模三浦一族』(同右、一九九三年)
『鎌倉史跡事典』(同右、一九九七年)
『時頼と時宗』(ＮＨＫ出版、二〇〇〇年)
『北条時宗』(角川書店、二〇〇〇年)

著者紹介

一九三六年、東京都に生まれる
一九七一年、早稲田大学大学院文学研究科史学専攻国史専修博士課程修了
元日本医科大学教授
二〇〇八年七月七日没、同日瑞宝章従五位叙勲

主要著書
鎌倉北条氏の基礎的研究　鎌倉史跡事典　鎌倉北条一族　上州新田一族　相模三浦一族　時頼と時宗　日本家系・系図大事典　吾妻鏡の謎

歴史文化ライブラリー
159

鎌倉北条氏の興亡

二〇〇三年（平成十五）八月一日　第一刷発行
二〇二一年（令和三）四月二十日　第三刷発行

著者　奥《おく》富《とみ》敬《たか》之《ゆき》
発行者　吉川道郎
発行所　株式会社 吉川弘文館
東京都文京区本郷七丁目二番八号
郵便番号一一三―〇〇三三
電話〇三―三八一三―九一五一〈代表〉
振替口座〇〇一〇〇―五―二四四
http://www.yoshikawa-k.co.jp/
印刷＝株式会社 平文社
製本＝ナショナル製本協同組合
装幀＝山崎　登

ISBN978-4-642-05559-8

歴史文化ライブラリー

1996.10

刊行のことば

現今の日本および国際社会は、さまざまな面で大変動の時代を迎えておりますが、近づきつつある二十一世紀は人類史の到達点として、物質的な繁栄のみならず文化や自然・社会環境を謳歌できる平和な社会でなければなりません。しかしながら高度成長・技術革新にともなう急激な変貌は「自己本位な刹那主義」の風潮を生みだし、先人が築いてきた歴史や文化に学ぶ余裕もなく、いまだ明るい人類の将来が展望できていないようにも見えます。このような状況を踏まえ、よりよい二十一世紀社会を築くために、人類誕生から現在に至る「人類の遺産・教訓」としてのあらゆる分野の歴史と文化を「歴史文化ライブラリー」として刊行することといたしました。

小社は、安政四年（一八五七）の創業以来、一貫して歴史学を中心とした専門出版社として書籍を刊行しつづけてまいりました。その経験を生かし、学問成果にもとづいた本叢書を刊行し社会的要請に応えて行きたいと考えております。

現代は、マスメディアが発達した高度情報化社会といわれますが、私どもはあくまでも活字を主体とした出版こそ、ものの本質を考える基礎と信じ、本叢書をとおして社会に訴えてまいりたいと思います。これから生まれでる一冊一冊が、それぞれの読者を知的冒険の旅へと誘い、希望に満ちた人類の未来を構築する糧となれば幸いです。

吉川弘文館

歴史文化ライブラリー

中世史

列島を翔ける平安武士 九州・京都・東国——野口 実
源氏と坂東武士——野口 実
敗者たちの中世争乱 年号から読み解く——関 幸彦
平氏が語る源平争乱——永井 晋
熊谷直実 中世武士の生き方——高橋 修
中世武士 畠山重忠 秩父平氏の嫡流——清水 亮
頼朝と街道 鎌倉政権の東国支配——木村茂光
大道 鎌倉時代の幹線道路——岡 陽一郎
仏都鎌倉の一五〇年——今井雅晴
鎌倉北条氏の興亡——奥富敬之
三浦一族の中世——高橋秀樹
伊達一族の中世「独眼龍」以前——伊藤喜良
弓矢と刀剣 中世合戦の実像——近藤好和
その後の東国武士団 源平合戦以後——関 幸彦
荒ぶるスサノヲ、七変化〈中世神話〉の世界——斎藤英喜
曽我物語の史実と虚構——坂井孝一
鎌倉浄土教の先駆者 法然——中井真孝
親 鸞——平松令三
親鸞と歎異抄——今井雅晴
畜生・餓鬼・地獄の中世仏教史 因果応報と悪道——生駒哲郎
神や仏に出会う時 中世びとの信仰と絆——大喜直彦
神仏と中世人 宗教をめぐるホンネとタテマエ——衣川 仁
神風の武士像 蒙古合戦の真実——関 幸彦
鎌倉幕府の滅亡——細川重男
足利尊氏と直義 京の夢、鎌倉の夢——峰岸純夫
高 師直 室町新秩序の創造者——亀田俊和
新田一族の中世「武家の棟梁」への道——田中大喜
皇位継承の中世史 血統をめぐる政治と内乱——佐伯智広
地獄を二度も見た天皇 光厳院——飯倉晴武
南朝の真実 忠臣という幻想——亀田俊和
中世の巨大地震——矢田俊文
大飢饉、室町社会を襲う！——清水克行
中世の富と権力 寄進する人びと——湯浅治久
出雲の中世 地域と国家のはざま——佐伯徳哉
中世武士の城——齋藤慎一
戦国の城の一生 つくる・壊す・蘇る——竹井英文
徳川家康と武田氏 信玄・勝頼との十四年戦争——本多隆成